韩语新手口语

一看就会说

口语必备宝典

主编：云心　　参编：陈瑶 邓慧 周昱 孙晓燕 李慧可
　　　　　　　　　　韩芬 周婕 王可 邢苏苏 晏芷汀

机械工业出版社
CHINA MACHINE PRESS

本书以韩语口语为主要内容，分为交际韩语、态度韩语、旅游韩语、消费韩语、交通韩语和应急韩语六大主线。从交际中会用到的情感表达到各种生活相关场景，全面覆盖。

除了中韩对照，本书还配有拼音和谐音来帮助读者纠正发音。使用语序分解法，能帮助读者理解语境，潜移默化灌输韩语和汉语不同的表达语序。

本书对读者的韩语能力无要求。翻开就能说，翻开就能用，可当口语学习书，也可当应急口语书使用。

图书在版编目（CIP）数据

韩语新手口语一看就会说 / 云心主编．—北京：机械工业出版社，2017.9

（语言梦工厂）

ISBN 978-7-111-61245-2

Ⅰ．①韩… Ⅱ．①云… Ⅲ．①朝鲜语－口语－自学参考资料 Ⅳ．① H559.4

中国版本图书馆 CIP 数据核字（2018）第 249830 号

机械工业出版社（北京市百万庄大街22号　邮政编码100037）
策划编辑：孙铁军　　责任印制：郜　敏
北京中兴印刷有限公司印刷

2019年8月第1版第1次印刷
127mm×175mm・9.875印张・297千字
0 001—4 000册
标准书号：ISBN 978-7-111-61245-2
定价：39.80元

电话服务	网络服务
客服电话：010-88361066	机 工 官 网：www.cmpbook.com
010-88379833	机 工 官 博：weibo.com/cmp1952
010-68326294	金 书 网：www.golden-book.com
封底无防伪标均为盗版	机工教育服务网：www.cmpedu.com

前言
Preface

　　国人学外语无法做到地道,都源于我们"地道的中式表达",源于我们根深蒂固的中式语序思维。

　　韩语的表达语序和汉语有很大差别,有些类似汉语中的倒装句,但又不完全相同。所以很多学习韩语的读者,发音学了,基本的单词和语法也学了,甚至能说上一两句简单的对话,但面对韩国人却明显底气不足。因为听着韩国人说的韩语,貌似单词都很熟悉,整句话是什么意思却毫无头绪;而当自己结结巴巴挤出一句"高难度"韩语的时候,对方却一脸迷茫。完全搞不懂我们要表达的重点。

　　所以,要学地道韩语口语,就要从了解韩语的语序开始!

　　本书主打语序分解法学口语,从语序思维角度着手,带领你进入真正的韩语表达世界。编者对每个句子的各部分进行分解,并标出其对应的意思。这样,每一句地道的口语表达分为几个部分、每个部分分别是什么意思、每句话的实际语序是怎样的,都可以通过语序分解法一目了然,十分便于学习。

　　通过语序分解法,还可以在无形中掌握一定数量的单词和语法,能更深刻地了解韩语的句式结构,形成语感。

　　全书分为交际韩语、态度韩语、旅游韩语、消费韩语、交通韩语和应急韩语六大主线。从交际中会用到的情感表达到各类生活相关场景,全面覆盖,实用性强。除了中韩对照,还配有拼音和谐音来帮助读者正确发音。不论你是完全不会发音的零基础学习者,还是需要加强口语能力的韩语学习者,拿起本书都能轻轻松松脱口而出!

　　要说地道韩语口语,唯有从语序思维开始!

　　加油吧!你行的!

编者

目录 Contents

前言
Chapter 1 交际韩语

❶ **寒暄问候** ······ 2
　初次见面 ······ 2
　好久不见 ······ 7

❷ **相互告别** ······ 11
　日常告别 ······ 11
　长时间告别 ······ 15

❸ **时间日期** ······ 19
　具体时间 ······ 19
　年月日 ······ 23
　一年四季 ······ 27

❹ **接打电话** ······ 31
　拨打电话 ······ 31
　接听电话 ······ 35
　电话状况 ······ 40

❺ **聊东侃西** ······ 44
　兴趣爱好 ······ 44
　情感交流 ······ 48

个人欢庆	52
家庭喜事	56
国民庆典	60

Chapter 2 态度韩语

❶ 喜欢讨厌 66
    喜欢 66
    讨厌 70
    一般般 74

❷ 高兴难过 78
    高兴愉快 78
    伤心难过 83
    担心后悔 87

❸ 赞美感动 91
    大声赞美 91
    深深感动 95
    安慰鼓励 99

❹ 抱怨生气 103
    牢骚抱怨 103
    生气责备 108

❺ 同意反对 112
    同意赞成 112
    强烈反对 116
    保持中立 120

❻ **接受拒绝** **123**
　欣然接受 **123**
　断然拒绝 **127**

Chapter 3 旅游韩语

❶ **在机场** 132
　购买机票 132
　登机手续 136
　免税店 140
　出入境 144
　旅游服务中心 148

❷ **在酒店** **152**
　预约入住 **152**
　投诉抱怨 **156**
　结账退房 **160**

❸ **在景点** 164
　景点门票 164
　景点游玩 167
　景点纪念 171

Chapter 4 消费韩语

❶ **享受美食** 176
　餐厅订位 176

菜单点菜	180
打包买单	184

❷ 轻松购物 …… **188**
尺码颜色 …… 188
讨价还价 …… 192
付款包装 …… 196
退换维修 …… 200

❸ 美容美发 …… 204
美容美体 …… 204
发型设计 …… 208
美甲服务 …… 212

Chapter 5 交通韩语

❶ 乘公交 …… 218
询问路线 …… 218
如何换乘 …… 222
坐错车 …… 226

❷ 搭地铁 …… 230
询问路线 …… 230
如何换乘 …… 234
坐错地铁 …… 238

❸ 坐出租 …… 242
打车 …… 242

| 行车路线 | 246 |
| 计价收费 | 250 |

Chapter 6 应急韩语

❶ 在银行 …… 256
开户注销 …… 256
兑换外币 …… 260
存取款 …… 264
汇款转账 …… 268

❷ 在邮局 …… 272
寄信 …… 272
寄贺卡明信片 …… 276
寄包裹 …… 280

❸ 在医院 …… 284
症状描述 …… 284
买药吃药 …… 288
住院出院 …… 292

❹ 在警局 …… 296
财物丢失 …… 296
被偷被抢 …… 300
交通事故 …… 304

Chapter 1

交际韩语

1. 寒暄问候
2. 相互告别
3. 时间日期
4. 接打电话
5. 聊东侃西

Chapter 1 交际韩语

1 寒暄问候

 初次见面

韩语	拼音	汉语	谐音
안녕하다	an.niaong.ha.da	你好	安酿哈哒
처음	cao.em	初次	糙呃木
뵙다	beip.da	见面（敬语）	贝普哒
만나다	man.na.da	见面	蛮哪哒
반갑다	ban.gap.da	高兴	盘嘎普哒
잘	zar	好	嚓儿
혹시	hok.xi	或许	后克系
성함	seng.ham	名字（敬语）	僧哈木
소개하다	so.gai.ha.da	介绍	搜该哈哒
자기소개	za.gi.so.gai	自我介绍	咋给搜该
드리다	de.li.da	给（敬语）	得哩哒
오다	o.da	来	哦哒
앞으로	a.pu.lo	今后	啊普喽
만나뵙다	man.na.beip.da	拜访（敬语）	蛮哪贝普哒
서울	sao.ur	首尔	搔屋儿
태어나다	tai.o.na.da	出生	胎袄那哒

❶ 寒暄问候

01 您好!

안녕하세요?

语序: 您好
拼音: an.niaong.ha.sei.yo
谐音: 安酿哈赛哟

02 初次见面。

처음 뵙겠습니다.

语序: 初次 见面
拼音: cao.em.beip.gei.sim.ni.da
谐音: 糙呃木 贝普该斯木尼达

03 很高兴认识您。

만나서 반갑습니다.

语序: 见面 高兴
拼音: man.na.sao.ban.gap.sim.ni.da
谐音: 曼哪艘 盘嘎普斯木尼达

04 我们在哪里见过吗?

혹시 만나 본 적이 있어요?

语序: 或许 见过吗
拼音: hok.xi.man.na.bon.zao.gi.yi.sao.yo
谐音: 后克系 曼哪 波恩 造给 以扫哟

Chapter 1 交际韩语

05 请问您叫什么名字？

성함이 어떻게 되십니까 ?

语序 姓名　　怎么　　成为
拼音 seng.ha.mi.ao.dao.kei.dui.xim.ni.ga
谐音 僧哈咪 嗷叨开 对系木尼嘎

06 我做一下自我介绍。

자기소개를 하겠습니다.

语序 自我介绍　　做
拼音 za.gi.so.gai.ler.ha.gei.sim.ni.da
谐音 咋给搜该了 哈给斯木尼达

07 我来给您介绍一下金春仙老师。

김춘선 선생님을 소개해 드리겠습니다.

语序 金春仙　老师　　介绍　　给
拼音 gim.cun.saon.saon.saing.ni.mer.so.gei.hei.de.li.gei.sim.ni.da
谐音 给木村扫嗯 扫嗯森尼么 搜该嘿 得哩给斯木尼达

08 我叫李民浩。

저는 이민호입니다.

语序 我　　李民浩　　是
拼音 zao.nen.yi.mi.no.yim.ni.da
谐音 曹嫩 以米耨一木尼达

① 寒暄问候

09 我叫王红。

저는 왕홍이라고 합니다.

语序　我　王红　叫作

拼音　zao.nen.wang.hong.la.go.ham.ni.da

谐音　曹嫩 王红以啦够 哈木尼达

10 我是从中国来的王红。

저는 중국에서 온 왕홍입니다.

语序　我　从中国　来的　王红　是

拼音　zao.nen.zong.gu.gei.sao.on.wang.hong.yim.ni.da

谐音　曹嫩 宗谷给臊 哦恩 王红一木尼达

11 今后请多多关照。

앞으로 잘 부탁 드립니다.

语序　今后　多多　拜托　请

拼音　a.pu.lo.zar.bu.tak.de.lim.ni.da

谐音　啊普喽 嚓儿 不踏克 得哩木尼达

12 见到您很高兴。

만나뵙게 되어서 반갑습니다.

语序　见面　能够　高兴

拼音　man.na.beip.gei.dui.ao.sao.ban.gap.sim.ni.da

谐音　曼哪贝普给 对袄扫 盘嘎普斯木尼达

5

Chapter 1 交际韩语

13 您是哪里人?

고향은 어디예요?

语序: 故乡　哪里　是
拼音: go.hiang.en.ao.di.ye.yo
谐音: 够喝样恩 袄滴耶哟

14 我出生在首尔。

저는 서울에서 태어났습니다.

语序: 我　在首尔　出生
拼音: zao.nen.so.wu.lei.sao.tai.ao.na.sim.ni.da
谐音: 曹嫩 搔屋嘞扫 胎袄哪斯木尼达

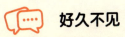 **好久不见**

韩语	拼音	汉语	谐音
오래만이다	o.lai.ma.ni.da	好久不见	哦来吗尼达
요즘	yo.zim	最近	哟滋木
그럭저럭	ge.laok.zao.laok	马马虎虎	格唠克遭唠克
괜찮다	guan.can.ta	好，不错	宽餐踏
다시	ta.xi	再次	塔系
매우	mai.wu	非常	买屋
기쁘다	gi.bu.da	高兴	给不哒
사업	sa.aop	生意	撒袄普
장사	zang.sa	生意	赃撒
순조롭다	sun.zo.lop.da	顺利	孙奏喽普哒
부모	bu.mo	父母	不某
건강하다	gaon.gang.ha.da	健康	更刚哈哒
가족	ga.zok	家人	卡奏克
몸	mom	身体	某姆
여행	yao.haing	旅行	邀恨
다녀오다	da.niao.o.da	回来	塔鸟哦哒

Chapter 1 交际韩语

01 好久不见!

오래만이에요!

- 语序 好久不见　是
- 拼音 o.lai.man.ni.e.yo
- 谐音 哦来吗妮艾哟

02 最近还好吗?

요즘 잘 지내셨어요?

- 语序 最近　好　过得吗
- 拼音 yo.zim.zar.ji.nai.xiao.sao.yo
- 谐音 哟自木 嚓儿 基乃肖扫哟?

03 是，过得很好。

네, 잘 지내고 있어요.

- 语序 是的　好　过得　正在
- 拼音 nei, zar.ji.nai.go.yi.sao.yo
- 谐音 乃，嚓儿 基乃够 以扫哟

04 还算可以。

그럭저럭 괜찮아요.

- 语序 就那样　还可以
- 拼音 ge.laok.zao.laok.guan.ca.na.yo
- 谐音 格唠克遭唠克 宽擦那哟

❶ 寒暄问候

05 再次见到您很高兴。

다시 만나게 돼서 매우 기쁩니다.

语序: 再次　见面　能够　很　高兴
拼音: da.xi.man.na.gei.dui.sao.mai.wu.gi.bum.ni.da
谐音: 塔系 曼哪该 对臊 买屋 给不木尼达

06 生意还好吗？

사업은 잘 되시나요?

语序: 生意　好　进行吗
拼音: sa.ao.ben.zar.dui.xi.na.yo
谐音: 萨袄本 嚓儿 对系哪哟

07 生意还不错。

장사는 잘 되고 있어요.

语序: 生意　好　进行中
拼音: zang.sa.nen.zar.dui.go.yi.sao.yo
谐音: 赃萨嫩 嚓儿 对够 以扫哟

08 所有事情都很顺利。

모든 것이 아주 순조로워요.

语序: 所有的　事情　很　顺利
拼音: mo.den.gao.xi.a.zu.sun.zo.lo.wo.yo
谐音: 某托 高系 啊组 孙奏喽沃哟

Chapter 1　交际韩语

09 父母身体都还好吧?

부모님께서는 건강하시죠?

语序　父母　　　　　健康吧
拼音　bu.mo.nim.gei.sao.nen.gaon.gang.ha.xi.jio
谐音　不某尼木给扫嫩 更刚哈系就

10 家人都还好吧?

가족들은 모두 잘 지내시나요?

语序　家人　　都　　好　　过得吗
拼音　ga.zok.de.len.mo.du.zar.ji.nai.xi.na.yo
谐音　卡奏克得了恩 某度 嚓儿 基乃系那哟

11 身体还好吧?

몸은 괜찮으세요?

语序　身体　　好吗
拼音　mo.men.guan.ca.ne.sei.yo
谐音　某闷 款擦呢赛哟

12 旅行玩得还开心吧?

여행은 잘 다녀오셨나요?

语序　旅行　好好地　回来吗
拼音　yao.haing.en.zar.da.niao.o.xiao.na.yo
谐音　邀恨恩 嚓儿 塔鸟哦肖那哟

10

❷ 相互告别

日常告别

韩语	拼音	汉语	谐音
안녕히	an.niaong.hi	好	安酿嘿
가다	ga.da	走	卡哒
계시다	gei.xi.da	留步	给系嗒
이만	yi.man	到此	以慢
들어가다	de.lao.ga.da	进去	得唠卡哒
수고하다	su.go.ha.da	辛苦	苏够哈哒
먼저	maon.zao	先	卯恩遭
내일	nai.yir	明天	乃以儿
보다	bo.da	见面	波哒
다음	da.em	下次	塔厄姆
또	do	再	都
오다	o.da	来	哦哒

01 您走好。

안녕히 가세요.

语序　好　　走
拼音　an.niaong.hi.ga.sei.yo
谐音　安酿嘿 卡塞哟

Chapter 1 交际韩语

02 请您留步。

안녕히 계세요.

语序 好　　留步
拼音 an. niaong.hi.gei.sei.yo
谐音 安酿嘿 给塞哟

03 再见。

안녕.

语序 再见
拼音 an.niaong
谐音 安酿

04 走好。

잘 가요.

语序 好　走
拼音 zar.ga.yo
谐音 嚓儿 卡哟

05 请进。

들어가세요.

语序 进　请
拼音 de.lao.ga.sei.yo
谐音 得唠卡塞哟

12

06 您辛苦了。

수고하세요.

语序 辛苦 请
拼音 su.go.ha.sei.yo
谐音 苏够哈塞哟

07 我先走了。

저 먼저 가 볼게요.

语序 我 先 走
拼音 zao.maon.zao.ga.bor.gei.yo
谐音 曹 卯恩遭 卡 波儿该哟

08 明天见。

내일 봐요.

语序 明天 见
拼音 nai.yir.bua.yo
谐音 乃以儿 吧哟

09 下次见。

다음에 봐요.

语序 下次 见
拼音 da.e.mei.bua.yo
谐音 塔厄买 吧哟

Chapter 1 交际韩语

⑩ 欢迎下次再来。

다음에 또 오세요.

语序 下次 再 来

拼音 da.e.mei.do.o.sei.yo

谐音 塔厄买 都 哦塞哟

⑪ 我得走了。

이만 가 보겠습니다.

语序 到此 走

拼音 yi.man.ga.bo.gei.sim.ni.da

谐音 以慢 卡 波给斯木尼达

❷ 相互告别

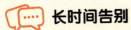 长时间告别

韩语	拼音	汉语	谐音
다시	da.xi	重新	塔系
길	gir	路	给儿
순조롭다	sun.zo.lop.da	顺利	孙奏喽普哒
바라다	ba.la.da	希望	帕拉哒
언제	aon.zei	何时	袄恩在
부모님	bu.mo.nim	父母	不某尼木
안부	an.bu	问候	安不
전하다	zao.na.da	转达	曹那哒
즐겁다	zir.gaop.da	愉快	滋儿高普哒
여행	yao.haing	旅行	要恨
보고싶다	bo.go.xip.da	想念	波够系普哒
자주	za.zu	经常	咋组
연락하다	yaor.la.ka.da	联系	邀儿拉卡哒
건강	gaon.gang	健康	更刚
조심하다	zo.xi.ma.da	小心	奏系吗哒
만나다	man.na.da	见面	慢那哒

Chapter 1 交际韩语

01 下次再见。

다음에 다시 만납시다.

语序 下次　　再　　　见面
拼音 da.e.mei.da.xi.man.nap.xi.da
谐音 塔厄买 塔系 慢那普系哒

02 祝您一路顺风。

가시는 길 순조롭기를 바랍니다.

语序 走　　路　　顺利　　　希望
拼音 ga.xi.nen.gir.sun.zo.lop.gi.ler.ba.lam.ni.da
谐音 卡系嫩 给儿 苏奏喽普给了 帕拉姆尼达

03 希望下次再见。

또 다시 만날 수 있기를 바랍니다.

语序 再　重新　　能够见面　　　希望
拼音 do.da.xi.man.nar.su.yit.gi.ler.ba.lam.ni.da
谐音 都 塔系 慢那儿 苏 以给了 帕拉姆尼达

04 以后再见吧。

언제 다시 만납시다.

语序 何时　重新　　见面
拼音 aon.zei.da.xi.man.nap.xi.da
谐音 袄恩在 塔系 慢那普系哒

❷ 相互告别

05 希望您能再来。

다시 오시기 바랍니다.

语序　重新　来　希望

拼音　da.xi.o.xi.gi.ba.lam.ni.da

谐音　塔系 哦西给 帕拉姆尼达

06 请代我向父母问好。

부모님께 안부 전해 주세요.

语序　父母　向　问候　转达

拼音　bu.mo.nim.gei.an.bu.zao.nai.zu.sei.yo

谐音　不某尼木给 安不 曹乃 组塞哟

07 祝您旅途愉快。

즐거운 여행 되세요.

语序　愉快　旅行　成为

拼音　zir.gao.wun.yao.haing.dui.sei.yo

谐音　滋儿高问 要恨 对塞哟

08 我会想你的。

보고 싶을 거예요.

语序　　想　　　会

拼音　bo.go.xi.pur.gao.ye.yo

谐音　波够 系普儿 高耶哟

17

Chapter 1 交际韩语

09 经常联系。

자주 연락해요.

语序: 经常　联系
拼音: za.zu.yaor.la.kai.yo
谐音: 咋组 邀儿拉开哟

10 保重身体。

건강 조심하세요.

语序: 健康　保重
拼音: gaon.gang.zo.xi.ma.sei.yo
谐音: 更刚 奏系吗塞哟

具体时间

韩语	拼音	汉语	谐音
시간	xi.gan	时间	西杆
아침	a.qim	早上	啊器木
점심	zaom.xim	中午	草木西木
저녁	zao.niaok	晚上	草鸟克
오전	o.zaon	上午	哦造恩
오후	o.hu	下午	哦户
간밤	gan.bam	昨夜	看怕姆
늦밤	net.bam	深夜	呢怕姆
시	xi	时	系
분	bun	分	本
초	co	秒	凑
반나절	ban.na.zaor	半天	盘那遭儿
한참	han.cam	一会	憨擦姆
지나다	ji.na.da	过去	基那哒
이미	yi.mi	已经	以米
벌써	baor.sao	已经	包儿搔

Chapter 1 交际韩语

语序法学口语

01 现在几点了？

지금 몇시예요?

- **语序**: 现在　几点　是
- **拼音**: ji.gem.miaot.xi.ye.yo
- **谐音**: 基格木 秒系耶哟

02 不好意思，请问现在几点了？

실례하지만 지금 몇 시입니까?

- **语序**: 不好意思　现在　几点　是
- **拼音**: xir.lei.ha.ji.man.ji.gem.miaot.xi.yim.ni.ga
- **谐音**: 系儿来哈基曼 基格木 秒 系一木尼嘎

03 现在7点整。

지금은 일곱 시 정각입니다.

- **语序**: 现在　7点　整点　是
- **拼音**: ji.ge.men.yir.gop.xi.zeng.ga.gim.ni.da
- **谐音**: 基格闷 以儿够普 系 增嘎给木尼达

04 现在是7点15分。

지금은 일곱 시 십오분입니다.

- **语序**: 现在　7点　15分　是
- **拼音**: ji.ge.men.yir.gop.xi.xi.bo.bun.yim.ni.da
- **谐音**: 基格闷 以儿够普 系 系波本一木尼达

❸ 时间日期

05 现在大概是 7 点钟了。

지금은 일곱 시 쯤입니다.

语序: 现在　7点　左右　是
拼音: ji.ge.men.yir.gop.xi.zi.mim.ni.da
谐音: 基格闷 以儿够普 系 滋米木尼达

06 现在是晚上 12 点。

지금은 밤 열두 시입니다.

语序: 现在　晚上　12　点　是
拼音: ji.ge.men.bam.yaor.du.xi.yim.ni.da
谐音: 基格闷 吧姆 邀儿度 系一木尼达

07 今天早上 6 点起的床。

아침 여섯시에 일어났어요.

语序: 早晨　6点　　起床了
拼音: a.qim.yao.sao.xi.ei.yi.lao.na.sao.yo
谐音: 啊器木 要扫系艾 以唠那扫哟。

08 你昨天睡了几个小时?

어제 몇 시간을 잤어요?

语序: 昨天　几　小时　睡了
拼音: ao.zei.miaot.xi.ga.ner.za.sao.yo
谐音: 袄在 秒 西嘎呢儿 咋扫哟

21

Chapter 1 交际韩语

09 我们晚上7点在这里见面吧。

우리 저녁 일곱 시 여기서 만납시다.

语序: 我们 晚上 7点 在这里 见面吧
拼音: wu.li.zao.niaok.yir.gop.xi.yao.gi.sao.man.nap.xi.da
谐音: 舞丽 曹鸟克 以儿够普 系 要给扫 曼哪普系哒

10 列车什么时候出发？

기차는 언제 출발해요?

语序: 火车 何时 出发
拼音: gi.ca.nen.aon.zei.cur.ba.lai.yo
谐音: 给擦嫩 袄恩在 粗吧来哟

11 早上8点半到。

아침 여덟 시 반 도착합니다.

语序: 早上 8点 半 到达
拼音: a.qim.yao.daor.xi.ban.do.ca.kam.ni.da
谐音: 啊器木 要道儿 系 盘 都擦卡木尼达

❸ 时间日期

 年月日

韩语	拼音	汉语	谐音
년	niaon	年	年
금년	gem.niaon	今年	格木年
작년	zang.niaon	去年	赃年
내년	nai.niaon	明年	乃年
새해	sai.hai	新年	塞嗨
정월	zeng.wor	正月	增沃儿
설날	saor.lar	春节	扫儿拉儿
추석	cu.saok	中秋	粗扫克
월	wor	月	沃儿
월요일	wo.lio.yir	星期一	沃溜以儿
화요일	hua.yo.yir	星期二	话哟以儿
수요일	su.yo.yir	星期三	苏哟以儿
목요일	mo.gio.yir	星期四	某格哟以儿
금요일	gem.mio.yir	星期五	格秒以儿
토요일	to.yo.yir	星期六	透哟以儿
일요일	yi.lio.yir	星期日	以溜以儿

Chapter 1 交际韩语

语序法学口语

01 新年快乐!

새해 복 많이 받으세요!

- 语序: 新年　福　多多地　收到
- 拼音: sai.hai.bong.ma.ni.ba.de.sei.yo
- 谐音: 塞嗨 蹦 马妮 吧得赛哟

02 从周一到周五一直有课。

월요일부터 금요일까지 수업이 있습니다.

- 语序: 周一开始　周五为止　课　有
- 拼音: wo.lio.yir.bu.tao.ge.mio.yir.ga.ji.su.ao.bi.yit.sim.ni.da
- 谐音: 沃溜以儿不淘 格秒以儿嘎基 苏袄比 一斯木尼达

03 我明年6月毕业。

내년 유월에 졸업할 것입니다.

- 语序: 明年　6月　毕业　将要
- 拼音: nai.niaon.yu.wo.lei.zo.lao.par.gao.xim.ni.da
- 谐音: 乃年 优沃嘞 奏唠怕儿 高系木尼大

04 在4月举行毕业典礼。

사월에 졸업식을 개최합니다.

- 语序: 4月　毕业典礼　举行
- 拼音: sa.wo.lei.zo.laop.xi.ger.gai.qui.ham.ni.da
- 谐音: 撒沃来 奏唠普系格儿 该崔哈木尼达

❸ 时间日期

05 上周日去旅行了。

지난 일요일에 여행을 갔어요.

| 语序 | 上个 | 周日 | 旅游 | 去了 |

拼音　ji.nan.yi.lio.yi.lei.yao.haing.er.ga.sao.yo

谐音　基难 以溜以嘞 邀恨尔 卡扫哟

06 这是4月来的新社员。

사월에 입사한 신입사원입니다.

| 语序 | 4月 | 入社的 | 新社员 | 是 |

拼音　sa.wo.lei.yip.sa.han.xi.nip.sa.won.yim.ni.da

谐音　撒沃嘞 以普萨憨 西尼普萨沃尼木尼达

07 我这周六有空。

이번 주 토요일에 시간이 있습니다.

| 语序 | 这个 | 周 | 周六 | 时间 | 有 |

拼音　yi.baon.zu.to.yo.yi.lei.xi.ga.ni.yit.sim.ni.da

谐音　以报恩 组 透哟以嘞 西嘎尼 一斯木尼达

08 我周二要去趟博物馆。

화요일에 박물관을 한번 가야겠어요.

| 语序 | 周二 | 博物馆 | 一次 | 去 | 应该 |

拼音　hua.yo.yi.lei.bang.mur.gua.ner.han.baon.ga.ya.gei.sao.yo

谐音　话哟以嘞 旁木儿瓜呢 憨报恩 卡呀该扫哟

Chapter 1 交际韩语

09 周三已经安排了日程。

수요일의 스케쥴이 이미 잡혀있어요.

语序: 周三的 / 日程 / 已经 / 做成了
拼音: su.yo.yi.lei.si.kei.ju.li.yi.mi.za.piao.yit.sao.yo
谐音: 苏哟以嘞 斯开句哩 以米 咋飘以扫哟

10 周一有考试呢。

월요일에 시험이 있어요.

语序: 周一 / 考试 / 有呢
拼音: wo.lio.yi.lei.xi.hao.mi.yi.sao.yo
谐音: 沃溜以嘞 西号米 以扫哟

26

❸ 时间日期

 一年四季

韩语	拼音	汉语	谐音
계절	gei.zaor	季节	该遭儿
봄	bom	春天	波姆
여름	yao.lem	夏天	邀了木
가을	ga.er	秋天	卡厄儿
겨울	giao.wur	冬天	格要屋儿
진달래	jin.dar.lai	金达莱	紧搭儿来
무궁화	mu.gong.hua	无穷花	木公话
설악산	sao.lak.san	雪岳山	扫拉克三
제주도	zei.zu.do	济州岛	在组都
금강산	gem.gang.san	金刚山	格木刚三
남대문	nam.dai.mun	南大门	那木带门
민속촌	min.sok.con	民俗村	民搜克凑恩
꽃구경	got.gu.ging	赏花	够谷哥英
즐겁다	zer.gaop.da	高兴	滋儿高普哒
미소	mi.so	微笑	米搜
미소를 짓다	mi.so.ler.jit.da	微笑	米搜了 基哒

Chapter 1 交际韩语

01 一起去赏花吗?

같이 꽃구경을 할까요?

语序 一起　赏花　做吗
拼音 ga.qi.got.gu.ging.er.har.ga.yo
谐音 卡器 够谷哥英尔 哈儿嘎哟

02 今年秋天去哪儿呢?

겨울에 어디 한번 가 볼까요?

语序 秋天　哪里　一次　去　试试吗
拼音 giao.wu.lei.ao.di.han.baon.ga.bor.ga.yo
谐音 格要屋嘞 袄滴 憨报恩 卡 波儿嘎哟

03 真希望秋天快点儿来。

가을이 빨리 왔으면 좋겠어요.

语序 秋天　快点　来的话　就好了
拼音 ga.e.li.bar.li.wa.si.miaon.zo.kei.sao.yo
谐音 卡厄哩 吧儿哩 哇斯苗恩 奏开扫哟

04 窗外下雪了。

창 밖에 눈이 왔어요.

语序 窗　外面　雪　下了
拼音 cang.ba.gei.nu.ni.wa.sao.yo
谐音 仓 吧给 怒尼 哇扫哟

28

❸ 时间日期

05 我们去年寒假一起放烟花了。

겨울 방학 때 우리 같이 불꽃놀이를 했어요.

语序: 冬天　假期　时　我们　一起　烟花　做了

拼音: giao.wur.bang.hak.dei.wu.li.ga.qi.bur.gon.no.li.ler.hai.sao.yo

谐音: 格要屋儿 帮哈克 带 舞丽 卡器 不儿够耨哩了 嗨扫哟

06 时间过得可真快。

정말 시간 가는 줄 모릅니다.

语序: 真的　时间　走　不知道

拼音: zeng.mar.xi.gan.ga.nen.zur.mo.lem.ni.da

谐音: 曾马儿 西杆 卡嫩 组儿 某了木尼达

07 已经到了放寒假的时候了。

벌써 겨울 방학 때가 되었습니다.

语序: 已经　冬天　假期　时候　到了

拼音: baor.sao.giao.wur.bang.hak.dai.ga.dui.aot.sim.ni.da

谐音: 包儿扫 格要屋儿 帮哈克 带嘎 对袄斯木尼达

08 你暑假要做什么?

여름 방학 동안 뭘 할래요?

语序: 夏天　假期　期间　什么　做

拼音: yao.lem.bang.hak.dong.an.mor.har.lai.yo

谐音: 邀了木 帮哈克 东安 磨儿 哈儿来哟

Chapter 1 交际韩语

09 明年秋天我打算去美国留学。

내년 가을에 미국에 유학을 떠날 작정입니다.

语序: 明年 秋天 美国 留学 去 决定 是
拼音: nai.niaon.ga.e.lei.mi.gu.gei.yu.ha.ger.dao.nar.zak.zeng.yim.ni.da
谐音: 乃鸟恩 卡厄来 米谷该 优哈格儿 到哪儿 咋克增一木尼达

10 去年也说了同样的话。

작년에도 똑같은 말을 했었어요.

语序: 去年 也 相同的 话 说了
拼音: zang.niao.nei.do.do.ga.ten.ma.ler.hai.sao.sao.yo
谐音: 赃鸟乃都 都嘎特恩 吗了 嗨扫扫哟

4 接打电话

 拨打电话

韩语	拼音	汉语	谐音
전화	zao.nua	电话	曹怒啊
휴대폰	hiu.dai.pon	手机	喝优带剖恩
핸드폰	hain.de.pon	手机	憨得剖恩
컴퓨터	kaom.piu.tao	电脑	考木皮优淘
여보세요	yao.bo.sei.yo	喂	邀波塞哟
연락	yaor.lak	联系	邀儿拉克
연락처	yaor.lak.cao	联系方式	邀儿拉克曹
메시지	mei.xi.ji	留言	买系基
걸다	gaor.da	打（电话）	高儿哒
받다	bat.da	听（电话）	吧哒
바꾸다	ba.gu.da	换	怕谷哒
남기다	nam.gi.da	留	那木给哒
문자	mun.za	短信	门咋
기다리다	gi.da.li.da	等待	给哒哩哒
출장	cur.zang	出差	粗儿赃
천천히	caon.cao.ni	慢慢地	曹恩曹尼

Chapter 1 交际韩语

01 喂，我找王先生。

여보세요, 왕선생을 찾으려고 해요.

语序： 喂　　王先生　　找　　想要
拼音：yao.bo.sei.yo, wang.saon.saing.er.ca.zi.liao.go.hai.yo
谐音：邀波赛哟，王扫恩森尔 擦滋聊够 嗨哟

02 请让王先生接电话。

왕선생 좀 바꿔주시겠어요?

语序： 王先生　请　　换
拼音：wang.saon.saing.zom.ba.guo.zu.xi.gei.sao.yo
谐音：王森僧 奏木 怕过组系该扫哟

03 请转内线108王先生。

내선 108 왕선생을 좀 바꿔주십시오.

语序： 内线108　王先生　　　请换
拼音：nai.saon.yir.gong.par.wang.saon.saing.er.zom.ba.guo.zu.xip.xi.o
谐音：乃扫恩 拜公怕儿 王桑森尔 奏木 怕过组系普系哦

04 喂，是王先生吗？

여보세요. 왕선생이세요?

语序： 喂　　王先生　是吗
拼音：yao.bo.sei.yo, wang.saon.saing.yi.sei.yo
谐音：邀波赛哟。王扫恩森以塞哟

④ 接打电话

05 不好意思，听不清。

미안하지만 잘 안 들려요.

语序: 对不起　好 不 听见

拼音: mi.a.na.ji.man.zar.an.der.liao.yo

谐音: 米啊那基慢 嚓儿 安 得聊哟

06 能再说一遍吗？

다시 한번 말씀해 주실 수 있어요?

语序: 重新　一次　说　可以吗

拼音: da.xi.han.baon.mar.si.mai.zu.xir.su.yi.sao.yo

谐音: 塔西 憨报恩 马儿斯买 组系儿 苏 以扫哟

07 可以慢点儿说吗？

천천히 말씀해 주시겠습니까?

语序: 慢慢地　说　可以吗

拼音: caon.cao.ni.mar.si.mai.zu.xi.gei.sim.ni.ga

谐音: 曹恩曹尼 马儿斯买 组系给斯木尼嘎

08 我能给他留个信息吗？

제가 그에게 메시지를 남겨도 되겠습니까?

语序: 我　给他　消息　留　可以吗

拼音: zei.ga.ge.ei.gei.mei.xi.ji.ler.nam.giao.do.dui.gei.sim.ni.ga

谐音: 才嘎 格艾该 买系基了 那木格要都 对给斯木尼嘎

33

Chapter 1 交际韩语

09 稍后我再打过来。

잠시 후에 제가 다시 한번 전화할게요.

语序 | 稍后 | 我 | 重新 | 一次 | 打电话

拼音 zam.xi.hu.ei.zei.ga.da.xi.han.baon.zao.nua.har.gei.yo

谐音 擦木系 户艾 才嘎 塔西 憨报恩 遭怒啊哈儿该哟

10 请转告他，我来过电话。

그에게 제가 전화했었다고 알려 주실 수 있겠습니까?

语序 | 给他 | 我 | 打过电话 | 告诉 | 可以吗

拼音 ge.ei.gei.zei.ga.zao.nua.hai.sao.da.go.ar.liao.zu.xir.su.yi.gei.sim.ni.ga

谐音 格艾该 才嘎 遭怒啊嗨扫搭够 啊儿聊 组系儿 苏 以该斯木尼达

11 请不要挂断电话。

끊지 않고 기다리겠습니다.

语序 | 挂断 | 不要 | 等待

拼音 gen.qi.an.ko.gi.da.li.gei.sim.ni.da

谐音 跟器 安扣 给哒哩给斯木尼达

12 不好意思，我没太理解刚才那话的意思。

미안하지만 아까 무슨 뜻인지 잘 몰랐어요.

语序 | 对不起 | 刚才 | 什么 | 意思 | 不知道

拼音 mi.a.na.ji.man.a.ga.mu.sen.de.xin.ji.zar.mor.la.sao.yo

谐音 米啊那基慢 啊嘎 木森 得新基 嚓儿 某儿拉扫哟

④ 接打电话

 **接听电话**

韩语	拼音	汉语	谐音
은행	en.haing	银行	恩哼
우체국	wu.cei.guk	邮局	屋才谷克
병원	biong.won	医院	病沃恩
공항	gong.hang	机场	公航
주식	zu.xik	股票	组系克
회사	hui.sa	公司	会洒
자동차	za.do.ca	汽车	咋东擦
외근	wei.gen	外勤	为跟
부동산	bu.dong.san	房地产	补东三
맥주	maik.zu	啤酒	买克组
카메라	ka.mei.la	相机	卡买啦
사진	sa.jin	照片	萨紧
호텔	ho.ter	宾馆	后太儿
레스토랑	lei.si.to.lang	餐馆	来斯透浪
슈퍼마켓	xiu.pao.ma.ket	超市	修跑吗开
약국	yak.guk	药店	呀谷克

Chapter 1 交际韩语

语序法学口语

01 您好，我是金东仁。

여보세요. 김동인입니다.

语序　喂　　金东仁　是
拼音　yao.bo.sei.yo, gim.dong.yin.yim.ni.da
谐音　邀波塞哟。给木东因一木尼达

02 喂，您是哪位？

여보세요, 누구신지요?

语序　喂　　　　谁
拼音　yao.bo.sei.yo, nu.gu.xin.ji.yo
谐音　邀波塞哟，怒谷新基哟

03 是的，有什么可以帮您?

예, 맞아요. 무엇을 도와 드릴까요?

语序　是　对的　　什么　帮助　给您呢
拼音　ye.ma.za.yo.mu.ao.sir.do.wa.de.lir.ga.yo
谐音　耶，吗咋哟。木袄斯儿 都哇 得哩儿嘎哟

04 有什么事儿？

무슨 일이 있으세요?

语序　什么　事　　有呢
拼音　mu.sen.yi.li.yi.si.sei.yo
谐音　木森 以哩 以斯赛哟

36

❹ 接打电话

05 请稍等，我给您转过去。

잠깐만 기다려 주세요. 바꿔 드릴께요.

语序 一会儿　等　请　换　给您

拼音 zam.gan.man.gi.da.liao.zu.sei.yo, ba.guo.de.lir.gei.yo

谐音 擦木杆慢 给哒聊 组塞哟。怕锅 得哩儿该哟

06 他现在不在。

지금 안 계신데요.

语序 现在 不 在

拼音 ji.gem.an.gei.xin.dei.yo

谐音 基格木 安 给新带哟

07 请告诉我您的电话和地址。

전화번호와 주소 알려주세요.

语序 电话号码 和 地址 请告诉我

拼音 zao.nua.bao.no.wa.zu.so.ar.liao.zu.sei.yo

谐音 曹怒啊包耨哇 组搜 啊聊组塞哟

08 他在接电话。

그는 지금 통화중이에요.

语序 他 现在 通话中 是

拼音 ge.nen.ji.gem.tong.hua.zong.yi.ei.yo

谐音 格嫩 基格木 通话宗以矮哟

Chapter 1 交际韩语

09 现在在出差。

지금 외근 중이에요.

| 语序 | 现在 | 外勤 | 中 | 是 |

拼音 ji.gem.wei.gen.zong.yi.ei.yo

谐音 基格木 外跟 宗以矮哟

10 不好意思,您打错电话了。

미안합니다. 전화 잘 못 거셨어요.

| 语序 | 对不起 | 电话 | 好 | 没能 | 打 |

拼音 mi.a.nam.ni.da.zao.nua.zar.mot.gao.xiao.sao.yo

谐音 米啊那木尼哒。曹怒啊 嚓儿 某 高肖扫哟

11 如果您还有其他问题,请随时和我们联系。

또 다른 문의 사항이 있으시면 언제든지 전화 해

| 语序 | 再 | 别的 | 咨询 | 事项 | 有的话 | 随时 | 电话 | 打 |

주세요.

请给我

拼音 do.ta.len.mu.ni.sa.hang.yi.yi.si.xi.miaon.aon.zei.den.ji.zao.nua.hai.zu.sei.yo

谐音 都 塔了恩 木尼 萨航以 以斯系苗恩 袄恩在托基 曹怒啊 嗨 组 塞哟

38

❹ 接打电话

⑫ 谢谢来电。

전화 주셔서 감사합니다.

语序: 电话 打给 谢谢

拼音: zao.nua.zu.xiao.sao.gam.sa.ham.ni.da

谐音: 曹怒啊 组肖扫 卡木撒哈木尼达

⑬ 再见。

안녕히 계세요.

语序: 再见

拼音: an.niaong.hi.gei.sei.yo

谐音: 安酿嘿 给塞哟

Chapter 1 交际韩语

 电话状况

韩语	拼音	汉语	谐音
연결	yaon.giaor	连接	要恩格要儿
끊다	gen.ta	挂断	跟踏
들리다	der.li.da	听到	得儿哩哒
베터리	bei.tao.li	电池	呗淘哩
강하다	gang.ha.da	强的	康哈哒
약하다	ya.ka.da	弱的	呀卡哒
멀다	maor.da	远的	卯儿哒
가깝다	ka.gap.da	近的	卡嘎普哒
삭제	sak.zei	删除	萨克在
소식	so.xik	消息	搜系克
보내다	bo.nai.da	发送	波乃哒
받다	bat.da	收到	吧哒
전화번호	zao.nua.bao.no	电话号码	曹怒啊包瘙
주소	zu.so	住址	组搜
휴대폰번호	hiu.dai.pon.bao.no	手机号码	喝优带剖恩包瘙
빌리다	bir.li.da	借	比儿哩哒

❹ 接打电话

语序法学口语

01 不好意思，我打错电话了。

미안합니다. 전화 잘 못 걸었습니다.

语序	对不起　　电话　　　　打错了
拼音	mi.a.nam.ni.da, zao.nua.zar.mot.gao.lao.sim.ni.da
谐音	米啊那木尼达。曹怒啊 嚓儿 某 高唠斯木尼达

02 声音太小了听不清。

좀 크게 말씀해 주세요. 잘 안 들려요.

语序	稍微 大的　说话　请给　清楚 不 听见
拼音	zom.ke.gei.mar.si.mai.zu.sei.yo, zar.an.der.liao.yo
谐音	奏木 克给 马儿斯买 组赛哟。嚓儿 安 得儿聊哟

03 信号不太好。

연결이 좋지 않아요.

语序	连接　好　不
拼音	yaon.giao.li.zo.qi.a.na.yo
谐音	要恩格要哩 奏器 啊那哟

04 请再给我打一遍。

전화를 끊고 다시 한번 걸어 주세요.

语序	电话　挂断　重新　一次　打　　请给
拼音	zao.nua.ler.gen.ko.da.xi.han.baon.gao.lao.zu.sei.yo
谐音	曹怒啊了 跟扣 塔系 憨报恩 高唠 组塞哟

Chapter 1 交际韩语

05 您拨打的电话暂时无法接通。

미안합니다. 사람이 없는데요.

语序: 对不起　人　没有

拼音: mi.a.nam.ni.da.sa.la.mi.aom.nen.dei.yo

谐音: 米啊那木尼达。萨拉米 奥姆嫩带哟

06 我可以给他留言吗?

제가 그에게 메시지를 남겨도 되겠습니까?

语序: 我　给他　消息　留　可以吗

拼音: zei.ga.ge.ei.gei.mei.xi.ji.ler.nam.giao.do.dui.gei.sim.ni.ga

谐音: 才嘎 格艾给 买系基了 闹木格要都 对给斯木尼嘎

07 请转告他给我回个电话。

그분께 전화 좀 해달라고 전해주세요.

语序: 向他　电话　请　让他打　请转达

拼音: ke.bun.gei.zao.nua.zom.hai.tar.la.go.zao.nai.zu.sei.yo

谐音: 格本该 曹怒啊 奏木 嗨搭儿啦够 曹乃组赛哟

08 不好意思,他现在在开会。

미안하지만 지금 미팅중이신데요.

语序: 对不起　现在　会议中　是

拼音: mi.a.na.ji.man.ji.gem.mi.ting.zong.yi.xin.dei.yo

谐音: 米啊那基曼 基格木 米听宗以新带哟

❹ 接打电话

09 可以借您的电话用一下吗?

실례하지만 핸드폰 좀 빌려 줄 수 있습니까?

语序 不好意思　　　手机　请　借　　给我可以吗
拼音 xir.lei.ha.ji.man.hain.de.pon.zom.bir.liao.zur.su.yi.sim.ni.ga
谐音 系儿来哈基曼 憨得剖恩 奏木 比儿聊 组儿 苏 一斯木尼嘎

10 抱歉，我没听清楚。

미안합니다. 잘 안 들려요.

语序 　对不起　　　好 没有 听见
拼音 mi.a.nam.ni.da.zar.an.der.liao.yo
谐音 米啊那木尼达。嚓儿 安 得聊哟

43

Chapter 1 交际韩语

5 聊东侃西

 兴趣爱好

韩语	拼音	汉语	谐音
취미	qu.mi	兴趣	去米
축구팬	cuk.gu.pain	球迷	粗谷盘
책	caik	书	才克
스타일	si.ta.yir	口味，风格	斯塔以儿
평소	ping.so	平时	乒搜
놀다	nor.da	玩	耨儿哒
언제	aon.zei	什么时候	袄恩在
피아노	pi.a.no	钢琴	皮啊耨
배우다	bai.wu.da	学习	备物哒
시작하다	xi.za.ka.da	开始	系咋卡哒
사진	sa.jin	照片	萨紧
찍다	jik.da	照	基克哒
요리	yo.li	做饭	哟哩
관심	guan.xim	关心	关系木
영화	ying.hua	电影	英话
가지다	ga.ji.da	有	卡基哒

❺ 聊东侃西

语序法学口语

01 你的爱好是什么？

취미가 뭐예요 ?

- **语序** 爱好　　什么
- **拼音** qu.mi.ga.mo.ye.yo
- **谐音** 去米嘎 磨耶哟

02 我是球迷。

저는 축구팬이에요.

- **语序** 我　　球迷　　是
- **拼音** zao.nen.cuk.gu.pai.ni.ei.yo
- **谐音** 曹嫩 粗谷派尼矮哟

03 这本书不合我的口味。

이 책은 저의 스타일이 아니에요.

- **语序** 这 书 我的　　口味　　不是
- **拼音** yi.cai.gen.zao.ei.si.ta.yi.li.a.ni.e.yo
- **谐音** 以 才跟 曹艾 斯塔以哩 啊尼矮哟

04 平时玩什么？

평소 뭐하고 놀아요 ?

- **语序** 平时　什么　　玩
- **拼音** ping.so.mo.ha.go.no.la.yo
- **谐音** 乒搜 磨哈够 耨拉哟

45

Chapter 1 交际韩语

05 从什么时候开始学的钢琴?

언제부터 피아노 배우기 시작했어요 ?

语序: 何时 从 钢琴 学习 开始

拼音: aon.zei.bu.tao.pi.a.no.bei.wu.gi.xi.za.kai.sao.yo

谐音: 袄恩在不淘 皮啊耨 备物给 系咋开扫哟

06 我的爱好是拍照片。

저의 취미는 사진 찍는 것입니다 .

语序: 我的 爱好 照片 照 是

拼音: zao.ei.qu.mi.nen.sa.jin.jing.nen.gao.xim.ni.da

谐音: 曹艾 去米嫩 萨紧 经嫩 高系木尼大

07 我喜欢做饭。

저는 요리에 대해 관심이 많아요 .

语序: 我 做饭 对于 关心 多

拼音: zao.nen.yo.li.ei.dai.hai.guan.xi.mi.ma.na.yo

谐音: 曹嫩 哟哩艾 带嗨 关系米 吗那哟

08 你喜欢看什么电影?

어떤 영화를 즐겨 보세요 ?

语序: 什么 电影 喜欢 看

拼音: ao.daon.ying.hua.ler.zir.giao.bo.sei.yo

谐音: 袄道恩 英话了 滋儿格要 波塞哟

09 你什么时候开始有这种兴趣的?

언제부터 이런 취미를 가지게 되었나요?

语序 何时 开始 这种 兴趣 有

拼音 aon.zei.bu.tao.yi.laon.qu.mi.ler.ga.ji.gei.dui.ao.na.yo

谐音 袄恩在不淘 以劳恩 去米了 卡基该 对袄那哟

Chapter 1 交际韩语

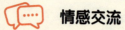 **情感交流**

韩语	拼音	汉语	谐音
운명	wun.miong	命运	问名
믿다	mit.da	相信	米哒
좋아하다	zo.a.ha.da	喜欢	奏啊哈哒
사귀다	sa.gui.da	交往	萨贵哒
얼마나	aor.ma.na	多久	袄儿吗那
혼인	ho.nin	婚姻	后您
남자	nam.za	男人	那木咋
결정하다	giaor.zeng.ha.da	决定	格要儿增哈哒
성공	seng.gong	成功	僧公
실패	xir.pai	失败	系儿派
지키다	ji.ki.da	守护	基尅哒
다행	da.haing	幸运	哒恨
정말	zeng.mar	真的	曾马儿
사랑하다	sa.lang.ha.da	爱	萨浪哈哒
겉	gaot	外表	高特
속	sok	里	搜克

语序法学口语

01 你相信命运吗?

운명을 믿으세요?

语序 命运 相信
拼音 wun.ming.er.mi.de.sei.yo
谐音 问名尔 米得塞哟

02 你喜欢过某人吗?

누군가를 좋아해 본 적이 있어요?

语序 某人 喜欢 过
拼音 nu.gun.ga.ler.zo.a.hai.bon.zao.gi.yi.sao.yo
谐音 怒棍嘎了 奏啊嗨 波恩 遭给 以扫哟

03 我喜欢你。

난 니가 좋아.

语序 我 你 喜欢
拼音 nan.ni.ga.zo.a
谐音 难 尼嘎 奏啊

04 你们交往多久了?

사귄지 얼마나 됐어요?

语序 交往 多久 已经
拼音 sa.guin.ji.aor.ma.na.dui.sao.yo
谐音 萨贵恩基 袄儿吗那 对扫哟

Chapter 1 交际韩语

05 婚姻可以决定一个男人的成败。

혼인은 한 남자의 성공과 실패를 결정해요.

语序 婚姻　一个　男人的　成功 和　失败　决定

拼音 ho.ni.nen.han.nam.za.ei.seng.gong.gua.xir.pai.ler.giaor.zeng.hai.yo

谐音 后尼嫩 憨 那木咋艾 僧公瓜 系儿派了 格要儿增嗨哟

06 我会守护你的。

내가 너를 지켜 줄게.

语序 我　你　守护

拼音 nai.ga.nao.ler.ji.kiao.zur.gei

谐音 乃嘎 闹了 基克要 组儿给

07 有你这样的朋友真是幸运。

너같은 친구가 있어서 정말 다행이다.

语序 你　像　朋友　有　真的　幸运

拼音 nao.ga.ten.qin.gu.ga.yi.sao.sao.zeng.mar.da.haing.yi.da

谐音 闹嘎特恩 亲故嘎 以扫扫 曾马儿 哒恨以哒

08 我爱你。

사랑해요.

语序 爱

拼音 sa.lang.hai.yo

谐音 撒狼嗨哟

❺ 聊东侃西

09 命中注定我爱你。

운명처럼 널 사랑해.

- 语序: 命运 像 你 爱
- 拼音: wun.ming.cao.laom.naor.sa.lang.hai
- 谐音: 问名曹唠木 闹儿 萨浪嗨

10 真正的朋友不可能表里不一。

진정한 친구라면 겉과 속이 다를 수 없어요.

- 语序: 真正的 朋友 如果 表 里 不可能不同
- 拼音: jin.zeng.han.qin.gu.la.miaon.gaot.gua.so.gi.da.ler.su.aop.sao.yo
- 谐音: 紧增憨 亲故拉苗恩 格瓜 搜给 塔了 苏 袄普扫哟

Chapter 1　交际韩语

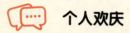 个人欢庆

韩语	拼音	汉语	谐音
기념일	gi.niao.mir	纪念日	给鸟米儿
명절	ming.zaor	节日	米英遭儿
축하하다	cu.ka.ha.da	祝贺	粗卡哈哒
파티	pa.ti	派对	帕踢

생일	saing.yir	生日	森以儿
진학	jin.hak	升学	晋哈克
졸업	zo.laop	毕业	奏唠普
취직	qu.jik	就职	去基克

내정	nai.zeng	内定	乃增
일	yir	工作	以儿
성년	seng.niaon	成年	僧鸟恩
아이	a.yi	小孩	啊以

진급하다	jin.ge.pa.da	升职	紧格帕哒
웅비	wung.bi	大显身手	污恩比
주목	zu.mok	关注	组某克
기대하다	gi.dai.ha.da	期待	给带哈哒

❺ 聊东侃西

01 恭喜你找到了工作。

취직하는 거 축하합니다.

语序　　就职　　　恭喜
拼音　qu.ji.ka.nen.gao.cu.ka.ham.ni.da
谐音　去基卡嫩 高 粗卡哈木尼达

02 我找到工作了。

일자리 찾았습니다.

语序　工作　　找到了
拼音　yir.za.li.ca.zat.sim.ni.da
谐音　以儿咋哩 擦咋斯木尼达

03 我得到内定了。

내정을 받았습니다.

语序　内定　　　得到
拼音　nai.zeng.er.ba.dat.sim.ni.da
谐音　乃增尔 吧搭斯木尼达

04 期待你今后大展宏图。

앞으로 웅비하길 바랍니다.

语序　今后的　大显身手　期待
拼音　a.pu.lo.wung.bi.ha.gir.ba.lam.ni.da
谐音　啊普喽 污恩比哈给儿 怕拉姆尼达

Chapter 1 交际韩语

05 祝你生日快乐。

생일 축하합니다.

语序 生日　恭喜
拼音 saing.yir.cu.ka.ham.ni.da
谐音 森以儿 粗卡哈木尼达

06 祝你过一个美好的生日。

즐거운 생일 되세요.

语序 快乐的　生日　成为
拼音 zir.gao.wun.saing.yir.dui.sei.yo
谐音 滋儿高问 森以儿 对塞哟

07 我们一起来庆祝生日吧。

생일 같이 축하합시다.

语序 生日　一起　庆祝吧
拼音 saing.yir.ga.qi.cu.ka.hap.xi.da
谐音 森以儿 卡器 粗卡哈普系哒

08 祝贺你毕业。

졸업 축하합니다.

语序 毕业　恭喜
拼音 zo.laop.cu.ka.ham.ni.da
谐音 奏唠普 粗卡哈木尼达

09 我们办个庆祝派对吧。

축하 파티 합시다.

- 语序: 庆祝派对 ↑ 做吧 ↑
- 拼音: cu.ka.pa.ti.hap.xi.da
- 谐音: 粗卡 帕踢 哈普系哒

10 祝贺你升职。

진급 축하드립니다.

- 语序: 升职 ↑ 恭喜 ↑
- 拼音: jin.gep.cu.ka.de.lim.ni.da
- 谐音: 紧格普 粗卡得哩木尼达

Chapter 1 交际韩语

 家庭喜事

韩语	拼音	汉语	谐音
가정	ga.zeng	家庭	卡增
가족	ga.zok	家人	卡奏克
친척	qin.caok	亲戚	亲曹克
친구	qin.gu	朋友	亲故
결혼	giao.lon	结婚	格要喽恩
생일	saing.yir	生日	森以儿
생신	saing.xin	生日	森新
허니문	hao.ni.mun	蜜月	好妮门
행복하다	haing.bo.ka.da	幸福	恨波卡哒
신랑	xir.lang	新郎	系儿郎
신부	xin.bu	新娘	新不
낭만적이다	nang.man.zao.gi.da	浪漫	囊曼遭给哒
결혼식	giao.lon.xik	婚礼	格要楼恩系克
치르다	qi.le.da	举行	器了哒
폐백	pei.baik	拜礼	派拜克
거들어주다	gao.de.lao.zu.da	帮助	高得唠组哒

语序法学口语

01 恭喜你结婚。

결혼을 축하합니다.

语序　结婚　　　祝贺
拼音　giao.lo.ner.cu.ka.ham.ni.da
谐音　格要喽呢 粗卡哈木尼达

02 欢迎新郎新娘入场。

신랑 신부 환영합니다.

语序　新郎　新娘　　欢迎
拼音　xir.lang.xin.bu.huan.ying.ham.ni.da
谐音　系儿浪 新不 话宁哈木尼达

03 愿你们共同建立一个幸福的家庭。

힘을 합치고 행복한 가정이 건립하길 바랍니다.

语序　　合力　　幸福的　家庭　　建立　　希望
拼音　hi.mer.hap.qi.go.haing.bo.kan.ga.zeng.yi.gaon.li.pa.gir.ba.lam.ni.da
谐音　嘿么 哈普器够 恨波看 卡增以 高哩帕给儿 怕拉姆尼达

04 祝你们夫妇永远幸福。

언제나 행복하게 사는 부부가 되길 기원합니다.

语序　无论什么时候 幸福地　生活的　夫妻　成为　　希望
拼音　aon.zei.na.haing.bo.ka.gei.sa.nen.bu.bu.ga.dui.gir.gi.won.ham.ni.da
谐音　袄恩在那 恨波卡该 萨嫩 不不嘎 对给儿 给沃那木尼达

Chapter 1 交际韩语

05 愿你们永浴爱河。

나이가 드는 만큼 사랑도 깊어졌으면 합니다.

语序　随着年龄增长　　爱　也　更加深厚　祝愿
拼音　na.yi.ga.de.nen.man.kem.sa.lang.do.gi.pao.jiao.si.miaon.ham.ni.da
谐音　那以嘎 得嫩 慢克木 萨浪都 给跑交斯苗恩 哈木尼达

06 祝你们幸福。

앞으로도 행복하게 사세요.

语序　以后也　幸福地　生活
拼音　a.pu.lo.do.haing.bo.ka.gei.sa.sei.yo
谐音　啊普喽都 恨波卡该 萨赛哟

07 愿你们拥有更多美好的回忆。

더 많은 행복한 추억을 만드세요.

语序　更多的　美好的　回忆　请创造
拼音　dao.ma.nen.haing.bo.kan.cu.ao.ger.man.de.sei.yo
谐音　淘 吗嫩 恨波看 粗袄格儿 曼得塞哟

08 希望你们浪漫的爱情开花结果。

낭만적인 사랑이 꽃이 피고 열매를 맺길 원합니다.

语序　浪漫的　爱情　开花　结果　愿
拼音　nang.man.zao.gin.sa.lang.yi.go.qi.pi.go.yaor.mai.ler.mait.gir.wo.nam.ni.da
谐音　囊曼遭给恩 萨浪以 够器 皮够 邀儿买了 买给儿 沃那木尼达

09 去哪儿度蜜月？

허니문 어디 갈까요?

语序 蜜月 哪里 去
拼音 hao.ni.mun.ao.di.gar.ga.yo
谐音 好妮门 袄滴 卡儿嘎哟

10 希望你能来爷爷的生辰宴。

할아버지의 생신잔치에 올 수 있으면 좋겠어요.

语序 爷爷的 生日宴会 能来 就好了
拼音 ha.la.bao.ji.ei.saing.xin.zan.qi.ei.or.su.yi.si.miaon.zo.kei.sao.yo
谐音 哈啦包基艾 森新赞器艾 哦儿 苏 以斯苗恩 奏开扫哟

Chapter 1 交际韩语

 国民庆典

韩语	拼音	汉语	谐音
명절	ming.zaor	节日	米英遭儿
축제	cuk.zei	庆典	粗克在
설날	saor.lar	元旦	扫儿拉儿
추석	cu.saok	中秋	粗扫克
대보름	dai.bo.lem	正月十五	带波了木
단오	da.no	端午节	搭耨
한가위	han.ga.wi	中秋节	憨卡与
어버이날	ao.bao.yi.nar	父母节	袄包以哪儿
춘분	cun.bun	春分	村本
추분	cu.bun	秋分	粗本
추수감사절	cu.su.gam.sa.zaor	感恩节	粗苏卡木萨遭儿
할로윈 데이	har.lo.win.dei.yi	万圣节	哈儿喽问 带以
배려하다	bai.liao.ha.da	关心	拜聊哈哒
보살피다	bo.sar.pi.da	照顾	波撒儿皮哒
발렌타인데이	bar.lein.ta.yin.dei.yi	情人节	巴儿兰塔因带以
크리스마스	ke.li.si.ma.si	圣诞节	克哩斯吗斯

01 新年快乐！

새해를 축하합니다!

语序 新年　　　祝贺
拼音 sai.hai.ler.cu.ka.ham.ni.da
谐音 塞嗨了 粗卡哈木尼达

02 祝你度过美好的一年。

새해 복 많이 받으세요.

语序 新年 福 多 接受
拼音 sai.hai.bong.ma.ni.ba.de.sei.yo
谐音 塞嗨 蹦 吗尼 吧得赛哟

03 过节的时候很多人回家。

명절이 되면 많은 사람들이 고향을 찾아가요.

语序 节日 到了 很多人 故乡 找
拼音 ming.zao.li.dui.miaon.ma.nen.sa.lam.de.li.go.hiang.er.ca.za.ga.yo
谐音 米英遭哩 对苗恩 吗嫩 萨拉木得哩 够喝样尔 擦咋卡哟

04 春节过得好吗？

설을 잘 보내셨습니까?

语序 春节 好 过了吗
拼音 sao.ler.zar.bo.nai.xiao.sim.ni.ga
谐音 扫了 嚓儿 波乃肖斯木尼嘎

Chapter 1 交际韩语

05 韩国人春节玩什么游戏？

한국사람들은 설에 어떤 놀이를 합니까?

语序: 韩国人 春节 什么 游戏 玩

拼音: han.guk.sa.lam.de.len.sao.lei.ao.daon.no.li.ler.ham.ni.ga

谐音: 憨谷克萨拉木得了恩 扫来 袄道恩 耨哩了 哈木尼嘎

06 圣诞节快乐！

메리 크리스마스!

语序: 快乐 圣诞节

拼音: mei.li.ke.li.si.ma.si

谐音: 每哩 克哩斯吗斯

07 今年的情人节要怎么过？

올해의 발렌타인데이 어떻게 지냅니까?

语序: 今年的 情人节 怎样 度过呢

拼音: o.lai.ei.bar.len.ta.yin.dei.yi.ao.dao.kei.ji.naim.ni.ga

谐音: 哦来艾 吧儿兰塔因带以 袄到开 基乃木尼嘎

08 快到万圣节了。

할로윈 데이 바로 오네요.

语序: 万圣节 马上 来了

拼音: har.lo.win.dei.yi.ba.lo.o.nai.yo

谐音: 哈儿喽问 带以 帕喽 哦乃哟

09 恭祝新年。

즐거운 새해를 기원합니다.

语序: 高兴的　新年　祈祷
拼音: zir.gao.wun.sai.hai.ler.gi.wo.nam.ni.da
谐音: 滋儿高问 塞嗨了 给沃那木尼达

10 多谢您今年的照顾。

올해의 배려를 감사합니다.

语序: 今年的　照顾　感谢
拼音: o.lai.ei.bei.liao.ler.gam.sa.ham.ni.da
谐音: 哦来艾 呗聊了 卡木撒哈木尼达

11 感谢您今年对我们的厚爱。

일년 동안 보살펴 주셔서 감사합니다.

语序: 一年间　关照　给予　感谢
拼音: yir.liao.dong.an.bo.sar.piao.zu.xiao.sao.gam.sa.ham.ni.da
谐音: 以儿聊恩 东安 波萨儿票 组肖扫 卡木撒哈木尼达

12 今年也请多多关照。

올해도 잘 부탁드립니다.

语序: 今年也　好好地　拜托
拼音: o.lai.do.zar.bu.tak.de.lim.ni.da
谐音: 哦来都 嚓儿 不塔克得哩木尼达

Chapter 2

态度韩语

1. 喜欢讨厌
2. 高兴难过
3. 赞美感动
4. 抱怨生气
5. 同意反对
6. 接受拒绝

Chapter 2 态度韩语

1 喜欢讨厌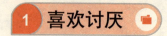

 喜欢

韩语	拼音	汉语	谐音
좋아하다	zo.a.ha.da	喜欢	奏啊哈哒
사랑하다	sa.lang.ha.da	爱	撒浪哈哒
사랑	sa.lang	爱	撒浪
우정	wu.zeng	友情	乌曾
영화	ying.hua	电影	英话
음악	em.mak	音乐	厄呜克
그림	ge.lim	绘画	格哩木
운동	wun.dong	运动	问东
친구	qin.gu	朋友	亲故
단짝	dan.zak	挚友	单咋克
애인	ai.yin	情人	艾因
선배	saon.bei	前辈	扫恩摆
후배	hu.bai	后辈	户摆
예전	ye.zaon	以前	耶造恩
미래	mi.lai	未来	米来
장래	zang.nai	将来	赃耐

❶ 喜欢讨厌

01 我喜欢运动。

저는 운동을 좋아합니다.

语序 我　运动　喜欢
拼音 zao.nen.wun.dong.er.zo.a.ham.ni.da
谐音 曹嫩 问东尔 奏啊哈木尼达

02 我很喜欢你。

나는 그대가 아주 좋아요.

语序 我　你　非常　喜欢
拼音 na.nen.ge.dai.ga.a.zu.zo.a.yo
谐音 那嫩 格带嘎 啊组 奏啊哟

03 我很喜欢好吃的东西。

맛있는 음식을 즐겨 먹습니다.

语序 好吃的　食物　喜爱吃
拼音 ma.xi.nen.em.xi.ger.zir.giao.maok.sim.ni.da
谐音 吗西嫩 厄姆西格儿 遭儿格要 卯克斯木尼达

04 我羡慕她。

나는 그녀가 부럽네요.

语序 我　她　羡慕
拼音 na.nen.ge.niao.ga.bu.laom.nei.yo
谐音 那嫩 格鸟嘎 不唠木乃哟

Chapter 2 态度韩语

05 喜欢的话就拿走吧。

좋아하면 가져가세요.

- 语序: 喜欢的话 | 请带走
- 拼音: zo.a.ha.miaon.ga.jiao.ga.sei.yo
- 谐音: 奏啊哈苗恩 卡交卡塞哟

06 狗好可爱。

강아지는 참 귀여워요.

- 语序: 小狗 | 真 | 可爱
- 拼音: gang.a.ji.nen.cam.gui.yao.wo.yo
- 谐音: 康啊基嫩 擦木 贵邀沃哟

07 真帅。

정말 멋있어요.

- 语序: 非常 | 帅
- 拼音: zeng.mar.mao.xi.sao.yo
- 谐音: 曾马儿 卯系扫哟

08 我非常喜欢这个裙子。

이 치마가 참 좋아요.

- 语序: 这个 | 裙子 | 非常 | 喜欢
- 拼音: yi.qi.ma.ga.cam.zo.a.yo
- 谐音: 以 器吗嘎 擦木 奏啊哟

❶ 喜欢讨厌

09 我爱你。

당신을 사랑해요.

语序: 你　爱

拼音: dang.xi.ner.sa.lang.hai.yo

谐音: 当系呢儿 撒浪嗨哟

10 一见钟情。

첫 눈에 반했어요.

语序: 第一　眼　喜欢上

拼音: caon.nu.nei.ba.nai.sao.yo

谐音: 曹 怒乃 吧乃扫哟

Chapter 2　态度韩语

 讨厌

韩语	拼音	汉语	谐音
싫다	xir.ta	讨厌	系儿塔
밉다	mip.da	讨厌	米普哒
나쁘다	na.bu.da	坏	那不哒
싫증이 나다	xir.ceng.yi.na.da	厌恶	系儿曾以 那哒
짜증나다	za.zeng.na.da	心烦	咋曾那哒
밥맛이 없다	bam.ma.xi.aop.da	没胃口	帕普嘛系 袄普哒
화를 내다	hua.ler.nai.da	发火	话了 乃哒
열을 받다	yao.ler.bat.da	上火	邀了 吧哒
한꺼번에	han.gao.bao.nei	一次，一下子	憨高包乃
적극적	zaok.gek.zaok	积极的	遭格克遭克
별로	biaor.lo	不怎么	表儿喽
무섭다	mu.saop.da	害怕	木扫普哒
역겹다	yaok.giaop.da	厌恶	邀格要普哒
한심스럽다	han.xim.si.laop.da	寒心	憨系木斯唠普哒
닭고기	dak.go.gi	鸡肉	搭克够给
물고기	mur.go.gi	鱼	木儿够给

❶ 喜欢讨厌

语 序 法 学 口 语

01 我不喜欢通俗音乐。

나는 통속음악을 별로 좋아하지 않아요.

| 语序 | 我 | 通俗音乐 | 不怎么 | 喜欢 | 不 |

拼音 na.nen.tong.sok.em.ma.ger.biaor.lo.zo.a.ha.ji.a.na.yo

谐音 那嫩 通搜格马格儿 表儿喽 奏啊哈基 啊那哟

02 我不喜欢这部电视剧。

나는 이 드라마를 싫어해요.

| 语序 | 我 | 这 | 电视 | 讨厌 |

拼音 na.nen.yi.de.la.ma.ler.xi.lao.hai.yo

谐音 那嫩 以 得啦吗了 系唠嗨哟

03 我最讨厌吃鸡肉了。

내가 닭고기를 제일 싫어해요.

| 语序 | 我 | 鸡肉 | 最 | 讨厌 |

拼音 nai.ga.dak.go.gi.ler.zei.yir.xi.lao.hai.yo

谐音 乃嘎 搭克够给了 在以儿 系唠嗨哟

04 居然做那种事，真是令人寒心。

이런 짓을 했다니 정말 한심스러워요.

| 语序 | 这样的 事情 | 做了 | 真是 | 令人失望 |

拼音 yi.laon.ji.ser.hait.da.ni.zeng.mar.han.xim.si.lao.wo.yo

谐音 以劳恩 基斯儿 嗨搭尼 曾马儿 憨系木斯唠沃哟

Chapter 2　态度韩语

05 吵到我受不了了。

너무 시끄러워 못 참겠어요.

- 语序：太　吵闹　不能　忍受
- 拼音：nao.mu.xi.ge.lao.wo.mot.cam.gei.sao.yo
- 谐音：闹木 系格唠我 某 擦木该扫哟

06 他这人脸皮真的很厚。

그 사람 정말 뻔뻔해요.

- 语序：那　人　真　脸皮厚
- 拼音：ge.sa.lam.zeng.mar.beng.beng.hai.yo
- 谐音：格 萨拉木 曾马儿 崩崩嗨哟

07 没想到他居然做出这么卑鄙的事。

저런 비겁한 일을 한 줄 몰랐어요.

- 语序：那样　卑鄙的事情　做　不知道
- 拼音：zao.laon.bi.gao.pan.yi.ler.han.zur.mor.la.sao.yo
- 谐音：遭劳恩 比高盘 以了 憨 组儿 某拉扫哟

08 我一点儿都不想去旅行。

여행을 할 생각은 전혀 없어요.

- 语序：旅行　去　想法　完全　没有
- 拼音：yao.haing.er.har.saing.ga.gen.zao.niao.aop.sao.yo
- 谐音：邀恨尔 哈儿 森嘎跟 曹鸟 袄普扫哟

① 喜欢讨厌

09 他说的话让我很反感。

그 사람이 했던 말은 나를 싫증 나게 했어요.

语序 那 人　　说的 话 我　　反感　　使

拼音 ge.sa.la.mi.hai.daon.ma.len.na.ler.xir.ceng.na.gei.hai.sao.yo

谐音 格 萨拉米 嗨道恩 吗了恩 那了 系儿层 那该 还扫哟

10 这种食物让我感到恶心。

이 음식물은 구역질이 나게 해요.

语序 这个　食物　　　　恶心　　使我

拼音 yi.em.xing.mu.len.gu.yaok.ji.li.na.gei.hai.yo

谐音 以 厄姆行木了恩 谷要克基哩 那该 嗨哟

11 太恶心了。

너무 역겨워요.

语序　太　　恶心的

拼音 nao.mu.yaok.giao.wo.yo

谐音 闹木 邀格要沃哟

73

Chapter 2 态度韩语

 **一般般**

韩语	拼音	汉语	谐音
보통	bo.tong	普通	波通
일반적	yir.ban.zaok	一般的	以儿半遭克
물론	mur.lon	当然	木儿喽恩
그냥	ge.niang	就那样	格酿
괜찮다	guan.can.ta	没关系	款餐塔
상관없다	sang.guan.aop.da	没关系	桑关袄普哒
약	yak	大约	呀克
마찬가지다	ma.can.ga.ji.da	一样的	吗餐卡基哒
흔하다	hen.ha.da	常见的	恨哈哒
재미있다	zai.mi.yit.da	有趣的	在米以哒
재미없다	zai.mi.aop.da	没意思的	在米袄普哒
흥미	heng.mi	兴趣	哼米
이상하다	yi.sang.ha.da	奇怪	以桑哈哒
소설	so.saor	小说	搜扫儿
내용	nai.yong	内容	乃用
스토리	si.to.li	故事	斯透哩

❶ 喜欢讨厌

语序法学口语

01 一般般。

그저 그래요.
语序　　　一般般
拼音　ge.zao.ge.lai.yo
谐音　格遭 格来哟

02 这个很一般。

좀 그렇습니다.
语序　有点　那个
拼音　zom.ge.lao.sim.ni.da
谐音　奏木 格唠斯木尼达

03 不怎么样。

별로예요.
语序　不怎么样 是
拼音　biaor.lo.ye.yo
谐音　表儿喽耶哟

04 我没关系。

저는 괜찮습니다.
语序　我　　没关系
拼音　zao.nen.guan.can.sim.ni.da
谐音　曹嫩 款餐斯木尼达

Chapter 2 态度韩语

05 那又能怎么样?

그렇다면 왜요?

语序 那样的话 怎么了

拼音 ge.lao.ta.miaon.wai.yo

谐音 格唠塔苗恩 外哟

06 我对此一点儿兴趣也没有。

저는 이에 대해 아무 흥미도 없어요.

语序 我 对此 什么 兴趣 没有

拼音 zao.nen.yi.ei.dai.hai.a.mu.heng.mi.do.aop.sao.yo

谐音 曹嫩 以矮 带嗨 啊木 哼米都 袄普扫哟

07 这道菜味道不怎么样。

이 반찬은 맛이 좀 그렇습니다.

语序 这道菜 味道 一般

拼音 yi.ban.can.en.ma.xi.zom.ge.lao.sim.ni.da

谐音 以 盘餐嫩 吗西 奏木 格唠斯木尼达

08 这种事很常见。

이것이 흔한 일이에요.

语序 这 常见的 事 是

拼音 yi.gao.xi.he.nan.yi.li.ei.yo

谐音 以高系 喝难 以哩艾哟

❶ 喜欢讨厌

09 做得是不差，但我总觉得还缺点什么。

그리 나쁘지는 않지만 뭐가 부족한 느낌이 들었어요.

语序: 那么 不好 不是 但 什么 不足 感觉 产生

拼音: ge.li.na.bu.ji.nen.an.qi.man.mon.ga.bu.zo.kan.ne.gi.mi.de.lao.sao.yo

谐音: 格哩 那不基嫩 安器慢 某恩嘎 不奏看 呢给咪 得唠扫哟

10 一样的。

마찬가지예요.

语序: 一样 是

拼音: ma.can.ga.ji.ye.yo

谐音: 吗餐卡基耶哟

11 我不喜欢这件衣服。

이 옷이 마음에 들지 않아요.

语序: 这 衣服 满意 不

拼音: yi.o.xi.ma.e.mei.der.ji.a.na.yo

谐音: 以 哦西 吗厄麦 得儿基 啊那哟

12 这个味道真怪。

이 맛이 참 이상해요.

语序: 这 味道 真 怪

拼音: yi.ma.xi.cam.yi.sang.hai.yo

谐音: 以 吗西 擦木 以桑嗨哟

Chapter 2 态度韩语

2 高兴难过

高兴愉快

韩语	拼音	汉语	谐音
기쁘다	gi.bu.da	高兴	给不哒
즐겁다	zir.gaop.da	快乐	滋儿高普哒
신나다	xin.na.da	开心	新那哒
낙관적	nak.guan.zaok	乐观的	那克关遭克
안색	an.saik	脸色	安塞克
피부	pi.bu	皮肤	皮不
몸매	mom.mai	身材	某木买
건강	gaon.gang	健康	更刚
다이어트	da.yi.ao.te	节食	搭以袄特
요가	yo.ga	瑜伽	哟嘎
마스크	ma.si.ke	面膜	吗斯克
목욕	mo.giok	洗澡	某格哟克
샤워	xia.wo	洗澡	下沃
파마	pa.ma	烫发	帕吗
미용실	mi.yong.xir	美容院	米用系儿
수영관	su.ying.guan	游泳馆	苏英关

❷ 高兴难过

语序法学口语

01 昨天玩得很开心。

어제 참 즐거웠어요.

语序: 昨天 真 开心
拼音: ao.zei.cam.zir.gao.wo.ssao.yo
谐音: 袄在 擦木滋儿高沃扫哟

02 今天早上心情很好。

오늘 아침 기분이 참 좋아요.

语序: 今天 早上 心情 真 好
拼音: o.ner.a.qim.gi.bu.ni.cam.zo.a.yo
谐音: 哦呢儿 啊器木 给不尼 擦木 奏啊哟

03 夏天喝杯啤酒真是太棒了。

더운 여름에 맥주 한잔 마시는 게 제일 좋아요.

语序: 热的 夏天 啤酒 一杯 喝 最 好
拼音: dao.wun.yao.le.mei.maik.zu.han.zan.ma.xi.nen.gei.zei.yir.zo.a.yo
谐音: 淘问 要了没 买克组 憨赞 吗西嫩 给 在以儿 奏啊哟

04 她很乐观。

그녀는 낙관적이에요.

语序: 她 乐观 是
拼音: ge.niao.nen.nak.guan.zao.gi.ei.yo
谐音: 格鸟嫩 那克关遭给艾哟

Chapter 2 态度韩语

05 今天先生的气色很好。

오늘 선생님 안색이 아주 좋아 보여요.

语序: 今天 先生 脸色 非常 好 看上去

拼音: o.ner.saon.saing.nim.an.sai.gi.a.zu.zo.a.bo.yao.yo

谐音: 哦呢儿 扫恩森尼木 安塞给 啊组 奏啊 波要哟

06 先生今天精神焕发。

선생님께서 오늘 활력이 넘치시는군요.

语序: 先生 今天 活力 洋溢

拼音: saon.saing.nim.gei.sao.o.ner.huar.liao.gi.naom.qi.xi.nen.gu.nio

谐音: 扫嗯森尼木给扫 哦呢儿 话儿聊给 闹普其系嫩谷拗

07 再次见到您很高兴。

다시 만나 뵙게 되어 반가워요.

语序: 再次 见到 高兴

拼音: da.xi.man.na.beip.gei.dui.ao.ban.ga.wo.yo

谐音: 塔系 慢那 呗普该 对袄 盘嘎沃哟

08 跟她在一起很高兴。

그녀와 같이 있어서 아주 기뻐요.

语序: 她和 一起 在 非常 开心

拼音: ge.niao.wa.ga.qi.yi.sao.sao.a.zu.gi.bao.yo

谐音: 格鸟哇 卡器 以扫扫 啊组 给包哟

80

❷ 高兴难过

09 高兴极了。

좋아 죽겠어요.

- 语序: 好 / 死
- 拼音: zo.a.zuk.gei.sao.yo
- 谐音: 奏啊 组给扫哟

10 做得很好。

정말 잘했어요.

- 语序: 真 / 做得好
- 拼音: zeng.mar.za.lai.sao.yo
- 谐音: 曾马儿 咋来扫哟

11 这里离市区很近，非常好。

여기가 시내와 가까워서 아주 좋아요.

- 语序: 这里 / 市内 / 和 / 近 / 非常 / 好
- 拼音: yao.gi.ga.xi.nai.wa.ga.ga.wo.sao.a.zu.zo.a.yo
- 谐音: 要给嘎 系乃哇 卡嘎沃扫 啊组 奏啊哟

12 爸爸应该也会很高兴吧。

아버님도 기쁘시겠지요.

- 语序: 爸爸 / 也 / 高兴吧
- 拼音: a.bao.nim.do.gi.bu.xi.gei.ji.yo
- 谐音: 啊包尼木都 给不系该扫哟

Chapter 2 态度韩语

13 很高兴能在这里住几天。

여기서 며칠 동안 머무를 수 있어서 반갑네요.

语序: 这里 | 几天 | 期间 | 能够停留 | 开心

拼音: yao.gi.sao.miao.qir.dong.an.mao.mu.ler.su.yi.sao.sao.ban.gam.ne.yo

谐音: 要给扫 秒器儿 东安 卯木了 苏 以扫扫 盘嘎木乃哟

❷ 高兴难过

 伤心难过

韩语	拼音	汉语	谐音
슬프다	sir.pu.da	难过的	斯儿普哒
섭섭하다	saop.sao.pa.da	悲伤的	扫普扫帕哒
고민하다	go.mi.na.da	痛苦的	够米那哒
답답하다	dap.da.pa.da	烦闷的	搭普哒帕哒
괴롭다	goi.lop.da	悲伤	拐喽普哒
외롭다	wei.lop.da	孤单的	未喽普哒
우울하다	wu.wu.la.da	忧郁的	屋屋啦哒
심심하다	xim.xi.ma.da	无聊的	系木系吗哒
비참하다	bi.ca.ma.da	悲惨的	比擦吗哒
속상하다	sok.sang.ha.da	低落的	搜克桑哈哒
숨쉬다	sum.xu.da	叹气的	苏木嘘哒
눈물	nun.mur	眼泪	怒恩木儿
고통	go.tong	痛苦	够通
슬픔	sir.pum	悲伤	斯儿普木
아깝다	a.gap.da	可惜的	啊嘎普哒
실망하다	xir.mang.ha.da	失望的	系儿忙哈哒

Chapter 2 态度韩语

语序法学口语

01 这结果太令人失望了。

이런 결과가 나와서 너무 실망했어요.

- 语序：这样的 结果 出来 太 失望
- 拼音：yi.laon.giaor.gua.ga.na.wa.sao.nao.mu.xir.mang.hai.sao.yo
- 谐音：以劳恩 格要儿瓜嘎 那哇扫 闹木 系儿忙嗨扫哟

02 我真的很伤心。

정말 속상해요.

- 语序：真的 伤心
- 拼音：zeng.mar.sok.sang.hai.yo
- 谐音：曾马儿 搜克桑嗨哟

03 早知道这样,一开始就放弃了。

이렇게 어려울 줄 알았으면 처음부터 포기했을 거예요.

- 语序：这样 困难 知道的话 最初开始 放弃
- 拼音：yi.lao.kei.ao.liao.wur.zur.a.la.si.miaon.cao.em.bu.tao.po.gi.hai.sir.gao.ye.yo
- 谐音：以唠开 袄聊屋儿 组儿 啊啦斯苗恩 曹厄姆不淘 剖给嗨斯儿 高耶哟

04 这么早就走,真舍不得呀。

일찍 가야 되니 아쉬어요.

- 语序：早 要走 遗憾
- 拼音：yir.jik.ga.ya.dui.ni.a.xu.wo.yo
- 谐音：以儿基克 卡呀 对尼 啊嘘我哟

❷ 高兴难过

05 分别是件痛苦的事。

이별은 너무 슬픈 일이에요.

语序: 分别　太　痛苦的　事　是
拼音: yi.biao.len.nao.mu.sir.pen.yi.li.ei.yo
谐音: 以表了恩 闹木 斯儿普恩 以哩艾哟

06 我难过得心都要碎了。

가슴이 아파 죽겠어요.

语序: 心　痛　要死
拼音: ga.si.mi.a.pa.zu.gei.sao.yo
谐音: 卡斯米 啊帕 组该扫哟

07 失去家人的他哭得一塌糊涂。

가족을 잃은 그는 닭똥같은 눈물을 흘렸어요.

语序: 家人　失去的　他　一塌糊涂的　眼泪　流
拼音: ga.zo.ger.yi.len.ge.nen.dak.dong.ga.ten.nun.mu.ler.her.liao.sao.yo
谐音: 卡奏格儿 以了恩 格嫩 搭克东嘎特恩 怒恩木了 和儿聊扫哟

08 我烦着呢。

나 시끄러워.

语序: 我　乱
拼音: na.xi.ge.lao.wo
谐音: 那 系格唠沃

Chapter 2 态度韩语

09 我心情忧郁。

나 우울한 심정이야.

语序 我 郁闷 心情 是

拼音 na.wu.wu.lan.xim.zeng.yi.ya

谐音 那 屋屋兰 系木增以呀

10 今天心情不太好。

오늘 그다지 기분 좋지 않아요.

语序 今天 那么 心情 好 不

拼音 o.ner.ge.da.ji.gi.bun.zo.qi.a.na.yo

谐音 哦呢儿 格搭基 给本 奏器 啊那哟

11 她看上去心情不好。

그녀는 기분이 아주 나빠 보여요.

语序 她 心情 很 坏 看上去

拼音 ge.niao.nen.gi.bu.ni.a.zu.na.ba.bo.yao.yo

谐音 格乌嫩 给不尼 啊组 那巴 波邀哟

❷ 高兴难过

 担心后悔

韩语	拼音	汉语	谐音
염려하다	yaom.niao.ha.da	担心	要木鸟哈哒
후회하다	hu.hui.ha.da	后悔	户准哈哒
유감스럽다	yu.gam.si.laop.da	遗憾	优嘎木斯唠普哒
아쉬워하다	a.xu.wo.ha.da	舍不得	啊嘘沃哈哒

걱정하다	gaok.zeng.ha.da	担心	考克增哈哒
환자	huan.za	病人	换咋
의사	ei.sa	医生	诶萨
간호사	ga.no.sa	护士	卡褥萨

합격	hap.giaok	合格	哈普格要克
불합격	bu.lap.giaok	不合格	不拉普格要克
통과하다	tong.gua.ha.da	通过	通瓜哈哒
시험	xi.haom	考试	系好木

말하다	ma.la.da	说	吗拉哒
쓰다	si.da	写	斯哒
읽다	yik.da	读	以克哒
듣다	det.da	听	得哒

Chapter 2 态度韩语

01 我担心她会不来。

그녀가 안 올까봐 걱정돼요.

语序: 她　　不　　来　　担心
拼音: ge.niao.ga.an.or.ga.bua.gaok.zeng.dui.yo
谐音: 格鸟嘎 啊 耨儿嘎吧 考克增对哟

02 我害怕这次体检。

이번에 신체 검사하는 게 너무 무서워요.

语序: 这次　　身体检查　　非常　　吓人
拼音: yi.bao.nei.xin.cei.gaom.sa.ha.nen.gei.nao.mu.mu.sao.wo.yo
谐音: 以包乃 新才 考木萨哈嫩 该 闹木 木扫沃哟

03 要有耐心。

참을성이 있어야지요.

语序: 耐心　　应该要有吧
拼音: ca.mer.seng.yi.yi.sao.ya.ji.yo
谐音: 擦么儿僧义 以扫呀基哟

04 担心迟到,所以就提前出发了。

지각할까 봐 걱정되어 미리 출발했어요.

语序: 迟到　　担心　　提前　　出发了
拼音: ji.ga.kar.ga.bua.gaok.zeng.dui.ao.mi.li.cur.ba.lai.sao.yo
谐音: 基嘎卡儿嘎 吧 高克增对袄 米哩 粗吧来扫哟

❷ 高兴难过

05 早知道这样,就不开始了。

이럴 줄 알았으면 시작하지 않았을 거예요.

语序: 这样　知道的话　开始　不

拼音: yi.laor.zur.a.la.si.miaon.xi.za.ka.ji.a.na.sir.gao.ye.yo

谐音: 以唠儿 组 啊拉斯苗恩 系咋卡基 啊那斯儿 高耶哟

06 我不应该说那样的话的。

그런 말을 하지 않았을걸.

语序: 那样的 话　说　不应该

拼音: ge.laon.ma.ler.ha.ji.a.na.sir.gaor

谐音: 格劳恩 吗了 哈基 啊那斯儿高儿

07 带伞过来就好了。

우산을 가져왔으면 좋았을걸.

语序: 雨伞　拿来的话　就好了

拼音: wu.sa.ner.ga.jiao.wa.si.miaon.zo.a.sir.gaor

谐音: 屋萨呢儿 卡交哇斯苗恩 奏啊斯儿高儿

08 不知道会变成这样。

이렇게 될 줄 몰랐어요.

语序: 这样　成为　不知道

拼音: yi.lao.kei.duir.zur.mor.la.sao.yo

谐音: 以唠开 对儿 组儿 某儿拉扫哟

Chapter 2 态度韩语

09 别担心,要乐观一些。

걱정하지 마세요. 낙관적으로 생각하세요.

语序 担心 不要 乐观 想 请

拼音 gaok.zeng.ha.ji.ma.sei.yo. nak.guan.zao.ge.lo.saing.ga.ka.sei.yo

谐音 考克增哈基 吗塞哟。那克关遭格喽 森嘎卡塞哟

10 现在后悔也晚了。

이제 후회해도 늦었어요.

语序 现在 即使后悔 晚了

拼音 yi.zei.hu.hui.hai.do.ne.zao.sao.yo

谐音 以在 户淮嗨都 呢遭扫哟

3 赞美感动

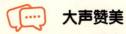 大声赞美

韩语	拼音	汉语	谐音
예쁘다	ye.bu.da	漂亮的	耶不哒
아름답다	a.lem.dap.da	美丽的	啊了木哒普哒
다정하다	da.zeng.ha.da	多情的	搭增哈哒
화려하다	hua.liao.ha.da	华丽的	话聊哈哒
부럽다	bu.laop.da	羡慕	不唠普哒
어울리다	ao.wur.li.da	适合	袄屋哩哒
대단하다	dai.da.na.da	了不起	带哒那哒
귀엽다	gui.yaop.da	可爱的	贵邀普哒
칭찬	qing.can	称赞	轻餐
치마	qi.ma	裙子	器吗
기억력	gi.aong.niaok	记忆力	给昂鸟克
노래	no.lai	歌曲	耨来
발음	ba.lem	发音	怕了木
억양	ao.giang	语调	袄哥样
경치	ging.qi	风景	哥英器
품위	pum.yu	品位	普木与

Chapter 2 态度韩语

01 她受到了老师的表扬。

그녀는 선생님께 칭찬을 받았어요.

语序: 她　老师　表扬　得到了
拼音: ge.niao.nen.saon.saing.nim.gei.qing.can.ner.ba.da.sao.yo
谐音: 格鸟嫩 扫嗯森尼木给 轻餐呢儿 吧搭扫哟

02 您的韩语说得真好。

한국말을 참 잘 하시네요.

语序: 韩国语　真的 很好　说
拼音: han.gong.ma.ler.cam.za.la.xi.nei.yo
谐音: 憨谷马了 擦木 嚓 拉系乃哟

03 第一次见到做得这么好的人。

이렇게 잘 하시는 분은 처음이에요.

语序: 这样　好　做　人　第一个　是
拼音: yi.lao.kei.za.la.xi.nen.bu.nen.cao.e.mi.ei.yo
谐音: 以唠开 嚓 拉系嫩 不嫩 曹厄米艾哟

04 发音和语调与韩国人一模一样。

발음과 억양은 한국 사람과 똑같아요.

语序: 发音 和 语调　韩国人 和　一模一样
拼音: ba.lem.gua.ao.giang.en.han.guk.sa.lam.gua.dok.ga.ta.yo
谐音: 怕了木瓜 袄哥央恩 憨谷克 萨拉木瓜 都嘎塔哟

❸ 赞美感动

05 这条裙子太适合你了！

이 치마 진짜 잘 어울려요!

语序 这 裙子 真的 好 合适
拼音 yi.qi.ma.jin.za.zar.ao.wur.lao.yo
谐音 以 器吗 紧咋 咋儿 袄屋儿聊哟

06 歌唱得真不错。

노래를 정말 잘 부르시네요.

语序 歌 真的 好 唱
拼音 no.lai.ler.zeng.mar.zar.bu.le.xi.nei.yo
谐音 耨来了 曾马儿 嚓儿 不了系乃哟

07 记忆力真好。

기억력이 참 좋아요.

语序 记忆力 真 好
拼音 gi.aong.niao.gi.cam.zo.a.yo
谐音 给昂鸟给 擦木 奏啊哟

08 看起来真年轻。

젊어 보이십니다.

语序 年轻 看起来
拼音 zaor.mao.bo.yi.xim.ni.da
谐音 遭儿卯 波以系木尼大

Chapter 2 态度韩语

09 真了不起。

아주 대단해요.

语序: 很　　　了不起
拼音: a.zu.dai.da.nai.yo
谐音: 啊组 带搭乃哟

10 真是羡慕。

너무 부러워요.

语序: 太　　　羡慕
拼音: nao.mu.bu.lao.wo.yo
谐音: 闹木 不唠沃哟

11 有什么秘诀吗?

무슨 비결이라도 있어요?

语序: 什么　　秘诀　　有吗
拼音: mu.sen.bi.giao.li.la.do.yi.sao.yo
谐音: 木森 比格要哩拉都 以扫哟

12 那人穿衣服很有品位。

그 사람 옷을 정말 품위있게 입었다.

语序: 那人　衣服　真的　有品位地　穿
拼音: ge.sa.lam.o.sir.zeng.mar.pum.yu.yit.gei.yi.baot.da
谐音: 格 萨拉木 哦斯儿 曾马儿 普木与以给 以包哒

❸ 赞美感动

 **深深感动**

韩语	拼音	汉语	谐音
감동	gam.dong	感动	卡木东
감복	gam.bok	佩服	卡木波克
감격	gam.giaok	感激	卡木格要克
감사	gam.sa	感谢	卡木萨
노력	no.liaok	努力	耨聊克
해내다	hai.nai.da	奋斗	嗨乃哒
너그러움	nao.ge.lao.wum	宽容	闹个唠屋木
인내심	yin.nai.xim	耐心	因乃系木
열심히	yiaor.xi.mi	拼命地	邀儿系米
정성껏	zeng.seng.gaot	尽全力	增僧高特
평생	ping.saing	一生	乒森
최대한	qoi.dai.han	极限	崔带憨
취하다	qu.ha.da	沉醉于	去哈哒
몰두하다	mor.du.ha.da	热衷于	末儿度哈哒
소중하다	so.zung.ha.da	珍贵	搜宗哈哒
여태껏	yao.tai.gaot	直到现在	要太高特

Chapter 2 态度韩语

01 我感动得说不出话来。

제가 얼마나 감동을 받았는지 여태껏 까먹고 말을 못했네요.

语序 我 多么 感动 受到 至今 忘记 话 没能

拼音 zei.ga.aor.ma.na.gam.dong.er.ba.da.nen.ji.yao.tai.gaot.ga.maok.go.ma.ler.mo.tai.nei.yo

谐音 才嘎 袄儿吗那 卡木东尔 吧搭嫩基 邀太高特 嘎卯够 吗了 某太乃哟

02 铭记一生。

평생 잊지 못할 겁니다.

语序 一辈子 忘记 不能

拼音 ping.saing.yit.ji.mo.tar.gaom.ni.da

谐音 乒森 以基 某塔儿 高木尼达

03 真感人。

정말 감동적입니다.

语序 真的 感人 是

拼音 zeng.mar.gam.dong.zao.gim.ni.da

谐音 曾马儿 卡木东遭给木尼达

③ 赞美感动

04 太感动了。

너무 감동 받아요.

语序: 太　感动　受到

拼音: nao.mu.gam.dong.ba.da.yo

谐音: 闹木 卡木东 吧搭哟

05 我们会一直支持你的。

언제나 힘이 되어 줄게요.

语序: 任何时候 力量　成为你的

拼音: aon.zei.na.hi.mi.dui.ao.zur.gei.yo

谐音: 袄恩在那 嘿米 对袄 组儿给哟

06 你的宽容让我很感动。

너의 너그러움에 나 정말 감동했어.

语序: 你的　宽容　我　真的　感动

拼音: nao.ei.nao.ge.lao.wu.mei.na.zeng.mar.gam.dong.hai.sao

谐音: 闹哎 闹个唠屋没 那 曾马儿 卡木东嗨扫

07 真是个有耐心的人。

정말 인내심이 있는 분이에요.

语序: 真的　耐心　有的　人　是

拼音: zeng.mar.yin.nai.xi.mi.yin.nen.bu.ni.ei.yo

谐音: 曾马儿 因乃系米 因嫩 不尼矮哟

Chapter 2 态度韩语

08 真是个好人！

정말 좋은 사람이에요!

语序 真的 好的 人 是

拼音 zeng.mar.zo.en.sa.la.mi.ei.yo

谐音 曾马儿 奏恩 萨拉米艾哟

09 他真是个好人。

그는 정말 좋은 사람이에요.

语序 他 真的 好 人 是

拼音 ge.nen.zeng.mar.zo.en.sa.la.mi.ei.yo

谐音 格嫩 曾马儿 奏恩 萨拉米艾哟

10 我觉得很厉害。

매우 대단하다고 생각해요.

语序 非常 厉害 认为

拼音 mai.wu.dai.da.na.da.go.saing.ga.kai.yo

谐音 买屋 带搭那搭够 森嘎嗨哟

❸ 赞美感动

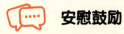 **安慰鼓励**

韩语	拼音	汉语	谐音
격려하다	ging.niao.ha.da	鼓励	哥英鸟哈哒
장려하다	zang.niao.ha.da	奖励	赃鸟哈哒
촉진하다	cok.ji.na.da	促进	凑克基那哒
추진하다	cu.jin.ha.da	推进	粗紧哈哒

포기하다	po.gi.ha.da	放弃	剖给哈哒
두려워하다	du.liao.wo.ha.da	害怕	度聊沃哈哒
망설이다	mang.sao.li.da	犹豫	忙扫哩哒
위험하다	yu.haom.ha.da	危险	与号吗哒

기운	gi.wun	力气	给问
뜻	det	抱负	得特
실패	xir.pai	失败	系儿派
성공	seng.gong	成功	僧公

거들어주다	gao.de.lao.zu.da	帮助	高得唠组哒
호랑이	ho.lang.yi	老虎	后浪以
굴	gur	洞	谷儿
기회	gi.hui	机会	给淮

Chapter 2 态度韩语

01 请不要放弃。

포기하지 마세요.

语序 放弃 不要
拼音 po.gi.ha.ji.ma.sei.yo
谐音 剖给哈基 吗塞哟

02 加油!

화이팅!

语序 加油
拼音 hua.yi.ting
谐音 话以听

03 请不要犹豫!

망설이지 마세요!

语序 犹豫 不要
拼音 mang.sao.li.ji.ma.sei.yo
谐音 忙扫哩基 吗塞哟

04 请鼓起勇气!

기운 내세요!

语序 勇气 请拿出
拼音 gi.wun.nai.sei.yo
谐音 给问 乃塞哟

❸ 赞美感动

05 世上无难事，只怕有心人。

어려운 일은 없습니다. 뜻이 있으면 길이 열립니다.

语序: 困难的　事　没有　志向　有的话　路　打开

拼音: ao.liao.wun.yi.len.aop.sim.ni.da, de.xi.yi.si.miaon.gi.li.yaor.lim.ni.da

谐音: 袄聊问 以了恩 奥普斯木尼达。得系 以斯苗恩 给哩 邀儿哩木尼达

06 失败是成功之母。

실패는 성공의 어머니다.

语序: 失败　成功的　母亲　是

拼音: xir.pai.nen.seng.gong.ei.ao.mao.ni.da

谐音: 系儿派嫩 僧公艾 袄卯尼达

07 不入虎穴，焉得虎子。

호랑이를 잡으려면 호랑이 굴에 들어가야 한다.

语序: 老虎　抓　要想　老虎　洞里　进入　必须

拼音: ho.lang.yi.ler.za.be.liao.miaon.ho.lang.yi.gu.lei.de.lao.ga.ya.han.da

谐音: 后浪以了 咋不聊苗恩 后浪以 谷来 得唠卡呀 憨哒

08 抓住机会，不要错过。

기회를 놓치지 말고 잘 잡으세요.

语序: 机会　错过　不要　好好地　抓住

拼音: gi.hui.ler.no.qi.ji.mar.go.zar.za.be.sei.yo

谐音: 给准了 耨器基 马儿够 嚓儿 咋不塞哟

Chapter 2　态度韩语

09 无论多么困难都不要放弃。

아무리 어려워도 포기하지 마세요.

语序 无论　多么困难　放弃　不要

拼音 a.mu.li.ao.liao.wo.do.po.gi.ha.ji.ma.sei.yo

谐音 啊木哩 袄聊沃都 剖给哈基 吗塞哟

10 不用担心，我会在旁边帮助你的。

옆에 거들어줄 테니까 염려할 것 없어요.

语序 在旁边　给予帮助　担心　不用

拼音 yao.pe.gao.de.lao.zur.te.ni.ga.yaom.niao.har.gao.aop.sao.yo

谐音 要派 高得唠组儿 太妮嘎 要木鸟哈儿 高 袄普扫哟

4 抱怨生气

 牢骚抱怨

韩语	拼音	汉语	谐音
잔소리	zan.so.li	牢骚	餐搜哩
원망하다	won.mang.ha.da	怨恨	沃恩忙哈哒
불만	bur.man	不满	不儿慢
견디다	giaon.di.da	忍受	格要恩滴哒

참다	cam.da	忍耐	擦木哒
힘들다	him.der.da	累	黑木得儿哒
그만하다	ge.man.ha.da	停止	格慢哈哒
지겹다	ji.giaop.da	烦人的	基格要普哒

이사하다	yi.sa.ha.da	搬家	以萨哈哒
낮추다	nat.cu.da	降低	那粗哒
싸우다	sa.wu.da	打架	萨屋哒
오르다	o.le.da	上升	哦了哒

집주인	jip.zu.yin	房东	基普组因
목소리	mok.so.li	声音	某克搜哩
서비스	sao.bi.si	服务	扫比斯
엘리베이터	er.li.bei.yi.tao	电梯	艾儿哩呗一淘

Chapter 2 态度韩语

语序法学口语

01 好累啊，够了。

힘들어요. 그만하세요.

- 语序： 累　　停止吧
- 拼音： him.de.lao.yo, ge.man.ha.sei.yo
- 谐音： 黑木得唠哟。格吗那塞哟

02 太烦人了。

정말 지겨워요.

- 语序： 真的　烦人
- 拼音： zeng.mar.ji.giao.wo.yo
- 谐音： 曾马儿 基格要沃哟

03 职场生活中得到很多压力。

직장 생활에 스트레스가 많이 받았어요.

- 语序： 职场　生活中　压力　很多　得到
- 拼音： jik.zang.saing.hua.lei.si.te.lei.si.ga.ma.ni.ba.da.sao.yo
- 谐音： 基克赃 森话嘞 斯特来斯嘎 吗尼 吧搭扫哟

04 我的房东又要让我搬家了。

우리 집주인이 이사하라고 또 말했어요.

- 语序： 我们　房东　搬家　让　又　说了
- 拼音： wu.li.jip.zu.yi.ni.yi.sa.ha.la.go.do.ma.lai.sao.yo
- 谐音： 舞丽 基普组以尼 以萨哈啦够 都 吗来扫哟

104

❹ 抱怨生气

05 服务太不像话了。

서비스가 말도 안돼요.

语序: 服务 / 不像话

拼音: sao.bi.si.ga.mar.do.an.dui.yo

谐音: 扫比斯嘎 马儿都 安对哟

06 你知道我等了多长时间吗?

얼마나 기다렸는지 알아요?

语序: 多少 / 等 / 知道吗

拼音: aor.ma.na.gi.da.liaon.nen.ji.a.la.yo

谐音: 袄儿吗那 给哒聊嫩基 啊啦哟

07 不好意思，能小声点儿吗?

죄송하지만 목소리를 낮추시겠어요?

语序: 抱歉 / 声音 / 能降低吗

拼音: zui.song.ha.ji.man.mok.so.li.ler.nat.cu.xi.gei.sao.yo

谐音: 最松哈基慢 磨克搜哩了儿 那粗系给扫哟

08 物价太高了，简直没法生活。

물가가 너무 높아서 살기가 힘들어요.

语序: 物价 / 太 / 高 / 生活 / 吃力

拼音: mur.ga.ga.nao.mu.no.pa.sao.sar.gi.ga.him.de.lao.yo

谐音: 木儿嘎嘎 闹木 耨帕扫 萨儿给嘎 嘿木得唠哟

Chapter 2　态度韩语

09　我的邻居半夜里总是吵闹不休。

옆집 사람들은 매일 밤새도록 싸워요.

语序　隔壁　人们　每天　整晚　打架

拼音　yaop.jip.sa.lam.de.len.mai.yir.bam.sai.do.lok.sa.wo.yo

谐音　要普及普 萨拉木得了恩 买以儿 帕姆塞都喽克 萨沃哟

10　为什么电梯还不上来呢？

왜 아직도 엘리베이터가 안 올까요?

语序　为什么 现在都　电梯　不　来

拼音　wai.a.jik.do.er.li.bei.yi.tao.ga.an.or.ga.yo

谐音　外 啊基克都 艾儿哩呗一淘嘎 啊 耨儿嘎哟

11　我无法再继续忍受了！

더 이상 참을 수가 없어요!

语序　再继续　忍受　不能

拼音　dao.yi.sang.ca.mer.su.ga.aop.sao.yo

谐音　淘 以桑 擦么 苏嘎 袄普扫哟

12　我好像被敲了竹杠。

정말 제가 바가지를 쓴 것 같아요.

语序　真的　我　竹杠　被敲了　好像

拼音　zeng.mar.zei.ga.ba.ga.ji.ler.sen.gaot.ga.ta.yo

谐音　曾马儿 才嘎 吧嘎基了 森 高 高塔哟

❹ 抱怨生气

12 工资不涨，物价却总是上涨。

语序: 월급은(工资) 오르질(上涨) 않는데(没有) 물건(物品) 가격은(价格) 자꾸(总是) 오르기만 하네요(上涨).

拼音: wor.ge.ben.o.le.jir.an.nen.dei.mur.gen.ga.giao.gen.za.gu.o.le.gi.man.ha.nei.yo

谐音: 沃儿格本 哦了基儿 安嫩带 木儿高恩 卡格要跟 咋谷 哦了给慢 哈乃哟

Chapter 2 态度韩语

 **生气责备**

韩语	拼音	汉语	谐音
화나다	hua.na.da	生气	话那哒
화내다	hua.nai.da	愤怒	话乃哒
호통치다	ho.tong.qi.da	责备	好通器哒
혼내다	hon.nai.da	批评	混乃哒
막하다	ma.ka.da	堵	吗卡哒
지각하다	ji.ga.ka.da	迟到	基嘎卡哒
농담하다	nong.dam.ha.da	开玩笑	弄哒吗哒
침묵하다	qi.mu.ka.da	沉默	器木卡哒
장난치다	zang.nan.qi.da	开玩笑	赃难器哒
책임	cai.gim	责任	才给木
지나가다	ji.na.ga.da	经过	基那卡哒
연착	yaon.cak	延迟到达	要恩擦克
입	yip	嘴	以普
너무하다	nao.mu.ha.da	过分	闹木哈哒
닥치다	dak.qi.da	迫近	塔克器哒
인내	yin.nai	忍耐	因乃

❹ 抱怨生气

语序法学口语

01 怎么能出尔反尔呢?

어떻게 한 입으로 두 말을 해요?

语序 　怎么　　一张嘴　　两种话　　说呢
拼音 　ao.dao.kei.han.yi.bu.lo.du.ma.ler.hai.yo
谐音 　袄到开 憨 以不喽 度 吗了 嗨哟

02 不会是装不知道吧?

설마 모르는 척하고 지나가는 건 아니겠지요?

语序 　不会 不知道　　装作　　经过　　　　不是
拼音 　saor.ma.mo.le.nen.cao.ka.go.ji.na.ga.nen.gaon.a.ni.gei.ji.yo
谐音 　扫儿吗 某了 嫩 曹卡够 基那卡嫩 高恩 啊尼该唧哟

03 您可不能这样说话。

당신이 그렇게 말하면 안 되는데요.

语序 　您　　　那样　　说的话　不　　可以
拼音 　dang.xi.ni.ge.lao.kei.ma.la.miaon.an.dui.nen.dei.yo
谐音 　当系尼 格唠开 吗拉苗恩 安 对嫩带哟

04 为什么对我发火呀?

왜 저한테 화를 내고 그래요?

语序 　为什么 冲我　火　　　　发呢
拼音 　wai.zao.han.tei.hua.ler.lai.go.ge.lai.yo
谐音 　外 曹憨太 话了 来够 格来哟

Chapter 2 态度韩语

05 以后不许迟到。

앞으로 지각하면 안 됩니다.

- 语序: 以后　迟到的话　不　可以
- 拼音: a.pu.lo.ji.ga.ka.miaon.an.duim.ni.da
- 谐音: 啊普喽 基嘎卡苗恩 安 对木尼达

06 她的粗心大意让我生气。

그녀의 부주의에 나는 화가 났어요.

- 语序: 她的　不注意　我　火　发了
- 拼音: ge.niao.ei.bu.zu.yi.ei.na.nen.hua.ga.na.sao.yo
- 谐音: 格鸟艾 不足以哎 那嫩 话嘎 那扫哟

07 真是的！

참, 기가 막혀!

- 语序: 唉　气　堵
- 拼音: cam.gi.ga.ma.kiao
- 谐音: 擦木，给嘎 吗克要

08 因为什么事这样生气呀？

무슨 일로 이렇게 화를 내세요?

- 语序: 什么　事　这样　火　发
- 拼音: mu.sen.yir.lo.yi.lao.kei.hua.ler.lai.sei.yo
- 谐音: 木森 以儿喽 以唠开 话了 来塞哟

❹ 抱怨生气

09 不要开玩笑。

장난 치지 마세요.

语序: 玩笑 开 不要
拼音: zang.nan.qi.ji.ma.sei.yo
谐音: 赃难 器基 吗塞哟

10 你的责任你去承担。

당신의 책임은 당신이 지세요.

语序: 你的 责任 你 承担
拼音: dang.xi.nei.cai.gi.men.dang.xi.ni.ji.sei.yo
谐音: 当系乃 才给闷 当系尼 基塞哟

11 闭嘴!

입 닥쳐!

语序: 嘴 闭上
拼音: yip.dak.qiao
谐音: 以普 哒敲

12 怎么能这样呢?

어떻게 이럴 수가 있어요?

语序: 怎么 这样 能
拼音: ao.dao.kei.yi.laor.su.ga.yi.sao.yo
谐音: 袄到开 以唠儿 苏嘎 以扫哟

Chapter 2 态度韩语

5 同意反对

同意赞成

韩语	拼音	汉语	谐音
찬성하다	can.seng.ha.da	赞成	餐僧哈哒
동의하다	dong.yi.ha.da	同意	东以哈哒
허락하다	hao.la.ka.da	许可	好啦卡哒
생각하다	saing.ga.ka.da	想	森嘎卡哒

틀림없다	ter.lim.aop.da	没错	特哩卯普哒
일치하다	yir.qi.ha.da	一致	以儿器哈哒
말씀하다	mar.sim.ha.da	说	马儿斯吗哒
똑같다	do.ga.da	一样	都嘎哒

전면적	zaon.miaon.zaok	全面的	曹恩苗恩遭克
부분적	bu.bun.zaok	部分的	不本遭克
완전히	wan.zao.ni	完全	万遭尼
모든	mo.den	所有	某托

가능성	ga.neng.seng	可能性	卡能僧
확실히	huak.xi.li	肯定	话克系哩
견해	giao.nai	看法	格要乃
의견	ei.giaon	意见	诶格要恩

⑤ 同意反对

01 正是这样。

바로 그렇지요.

- 语序: 就是 那样
- 拼音: ba.lo.ge.lao.qi.yo
- 谐音: 帕喽 格唠器哟

02 肯定是这样的。

확실히 그래요.

- 语序: 确实 那样
- 拼音: huak.xi.li.ge.lai.yo
- 谐音: 话克系哩 格来哟

03 就那么办吧。

그렇게 하겠어요.

- 语序: 那样 做
- 拼音: ge.lao.kei.ha.gei.sao.yo
- 谐音: 格喽开 哈给扫哟

04 我也赞成。

저도 찬성입니다.

- 语序: 我 也 赞成 是
- 拼音: zao.do.can.seng.yim.ni.da
- 谐音: 曹都 餐僧一木尼达

Chapter 2 态度韩语

05 我也是那样想的。

저도 그렇게 생각해요.

语序 我 也 那样 想
拼音 zao.do.ge.lao.kei.saing.ga.kai.yo
谐音 曹都 格唠开 森嘎开哟

06 我们的看法相同。

우리의 견해는 똑같아요.

语序 我们的 见解 一样
拼音 wu.li.ei.giao.nai.nen.do.ga.ta.yo
谐音 屋哩艾 格要乃嫩 都嘎塔哟

07 您说得完全对。

당신의 말이 틀림없어요.

语序 您的 话 没错
拼音 dang.xi.nei.ma.li.ter.lim.aop.sao.yo
谐音 当系乃 吗哩 特哩卯普扫哟

08 是的，这有可能。

그래, 그럴 수도 있어요.

语序 是啊 那样的 可能 也 有
拼音 ge.lai, gei.laor.su.do.yi.sao.yo
谐音 格来，格唠儿 苏都 以扫哟

114

⑤ 同意反对

09 我认为您的意见更好。

당신의 의견이 더 좋다고 생각합니다.

语序: 您的　意见　更　好　认为

拼音: dang.xi.nei.ei.giao.ni.dao.ko.ta.go.saing.ga.kam.ni.da

谐音: 当系乃 诶格要尼 淘 奏塔够 森嘎哈木尼达

10 按您说的去做吧。

말씀하신 대로 하세요.

语序: 说的　按照　做吧

拼音: mar.si.ma.xin.dai.lo.ha.sei.yo

谐音: 吗儿斯吗新 带喽 哈塞哟

11 既然你那么说了，就那么做吧。

이왕 당신도 그렇게 말했으니 그렇게 하세요.

语序: 既然　您　都　那样　说　那么　做吧

拼音: yi.wang.dang.xin.do.ge.lao.kei.ma.lai.si.ni.ge.lao.kei.ha.sei.yo

谐音: 以往 当信都 格唠开 吗来斯尼 格唠开 哈塞哟

12 我表示部分同意。

저는 부분적으로 동의합니다.

语序: 我　部分的　同意

拼音: zao.nen.bu.bun.zao.ge.lo.dong.yi.ham.ni.da

谐音: 曹嫩 不本遭格喽 东诶哈木尼达

Chapter 2　态度韩语

 ## 强烈反对

韩语	拼音	汉语	谐音
반대하다	ban.dai.ha.da	反对	盘带哈哒
받아들이다	ba.da.de.li.da	接受	帕哒得哩哒
믿다	mit.da	相信	米哒
거절하다	gao.zao.la.da	拒绝	高遭啦哒
절대로	zaor.dai.lo	绝对	曹儿带喽
전혀	zao.niao	完全	曹鸟
꼭	gok	一定	够克
결코	giaor.ko	绝对	格要儿扣
설득하다	saor.de.ka.da	说服	搔儿得卡哒
설명하다	saor.ming.ha.da	说明	搔儿米英哈哒
충고	cong.go	忠告	聪够
협박하다	hiaop.ba.ka.da	威胁	喝要吧卡哒
결정하다	giaor.zeng.ha.da	决定	格要儿增哈哒
제시하다	zei.xi.ha.da	提出	在系哈哒
설마	saor.ma	难道	搔儿吗
무시하다	mu.xi.ha.da	无视	木系哈哒

❺ 同意反对

01 我反对这个提议。

저는 이 제의에 대해 반대합니다.

语序： 我　这　提议　对于　反对
拼音： zao.nen.yi.zei.yi.ei.dai.hai.ban.dai.ham.ni.da
谐音： 曹嫩 以 在以艾 带嗨 盘带哈木尼达

02 我绝对不能同意您的意见。

당신의 의견을 절대로 동의하지 못해요.

语序： 你的　意见　绝对　同意　不
拼音： dang.xi.nei.ei.giao.ner.zaor.dai.lo.dong.yi.ha.ji.mo.tai.yo
谐音： 当系乃 诶格要呢儿 曹儿带喽 东以哈基 某太哟

03 我不这么认为。

저는 이렇게 생각하지는 않아요.

语序： 我　这么　想　不
拼音： zao.nen.yi.lao.kei.saing.ga.ka.ji.nen.a.na.yo
谐音： 曹嫩 以唠开 森嘎卡基嫩 啊那哟

04 我不能接受您的意见。

당신의 의견을 받아들이지 못합니다.

语序： 你的　意见　接受　不能
拼音： dang.xi.nei.ei.giao.ner.ba.da.de.li.ji.mo.tam.ni.da
谐音： 当系乃 诶格要呢 吧哒得哩基 某塔姆尼达

Chapter 2 态度韩语

05 这可不一定。

꼭 그렇지는 않아요.

语序　一定　那样　　不是
拼音　gok.ge.lo.qi.nen.a.na.yo
谐音　够克　格唠器嫩　啊那哟

06 一点说服力都没有。

설득력 별로 없어요.

语序　说服力　不怎么　没有
拼音　saor.deng.niaok.biaor.lo.aop.sao.yo
谐音　搔儿等鸟克　表儿喽　袄普扫哟

07 我不太相信。

이에 대해 별로 믿지 않아요.

语序　这　对于　不怎么　相信　不
拼音　yi.ei.dai.hai.biaor.lo.mit.ji.a.na.yo
谐音　以矮　带嗨　表儿喽　米基　啊那哟。

08 请允许我表达与您不同的意见。

저는 다른 의견을 제시해 드리고자 합니다.

语序　我　不同的　意见　提出　给您　想要
拼音　zao.nen.da.len.ei.giao.ner.zei.xi.hai.de.li.go.za.ham.ni.da
谐音　曹嫩　塔了恩　诶格要呢儿　在系嗨　得哩够咋　哈木尼达

118

❺ 同意反对

09 我有些不同的看法。

<u>다른</u> <u>생각이</u> <u>있습니다</u>.

语序: 别的 / 想法 / 有

拼音: da.len.saing.ga.gi.yi.sim.ni.da

谐音: 塔了恩 森嘎给 一斯木尼达

10 我保留意见。

<u>저는</u> <u>제</u> <u>의견을</u> <u>보류합니다</u>.

语序: 我 / 我的 / 意见 / 保留

拼音: zao.nen.zei.ei.giao.ner.bo.liu.ham.ni.da

谐音: 曹嫩 在 诶格要呢儿 波溜哈木尼达

11 我完全不同意。

<u>전혀</u> <u>동의할</u> <u>수가 없어요</u>.

语序: 完全 / 同意 / 不能

拼音: zao.niao.dong.yi.har.su.ga.aop.sao.yo

谐音: 曹鸟 东以哈儿 苏嘎 袄普扫哟

12 不,这不是事实。

<u>아니요</u>, <u>이게</u> <u>사실이</u> <u>아니에요</u>.

语序: 不 / 这个 / 事实 / 不是

拼音: a.ni.o, yi.gei.sa.xi.li.a.ni.ei.yo

谐音: 啊尼哟,以给 萨系哩 啊尼矮哟

Chapter 2 态度韩语

 保持中立

韩语	拼音	汉语	谐音
중립	zong.nip	中立	宗尼普
언론	aor.lon	言论	袄儿喽恩
신문	xin.mun	报纸	新门
보도	bo.do	报道	波都
토론하다	to.lo.na.da	讨论	透喽那哒
대답하다	dai.da.pa.da	回答	带搭帕哒
사인하다	sa.yin.ha.da	签字	萨以那哒
답변하다	dap.biao.na.da	回复	搭表那哒
회의	hui.yi	会议	淮以
상담	sang.dam	商谈	桑搭木
임시적으로	yim.xi.zao.ge.lo	临时的	一木系遭格喽
장기적으로	zang.gi.zao.ge.lo	长期的	赃给遭格喽
제의	zei.yi	提议	在以
제안	zei.an	提案	在安
설계	saor.gei	设计	搔儿该
계획	gei.huik	计划	该淮克

❺ 同意反对

01 不是吧!

설마!

- 语序 不是吧
- 拼音 saor.ma
- 谐音 搔儿吗

02 是,也有那种可能性。

예, 그렇게 될 가능성도 있어요.

- 语序 是 那样 成为 可能性 也 有
- 拼音 ye, ge.lao.kei.duir.ga.neng.seng.do.yi.sao.yo
- 谐音 耶,格唠开 对儿 卡能僧都 以扫哟

03 我要再考虑一下。

좀 더 생각해 보겠습니다.

- 语序 稍微 再 考虑 要
- 拼音 zom.dao.saing.ga.kai.bo.gei.sim.ni.da
- 谐音 奏木 淘 森嘎开 波该斯木尼达

04 不能再给我一点儿时间吗?

좀 더 시간을 줄 수 없어요?

- 语序 稍微 再 时间 给 不能吗
- 拼音 zom.dao.xi.ga.ner.zur.su.aop.sao.yo
- 谐音 奏木 淘 系杆呢 组儿 苏 袄普扫哟

Chapter 2 态度韩语

05 保持中立。

중립을 지킵니다.

语序: 中立　保持
拼音: zong.ni.ber.ji.kim.ni.da
谐音: 宗尼不儿 基尅木尼达

06 还没有下结论。

아직 결론이 나오지 않아요.

语序: 还　结论　出　没有
拼音: a.jik.giaor.lo.ni.na.o.ji.a.na.yo
谐音: 啊基克 格要喽尼 那哦基 啊那哟

07 稍后出结果。

잠시 후에 결과가 나와요.

语序: 一会　之后　结果　出来
拼音: zam.xi.hu.ei.giaor.gua.ga.na.wa.yo
谐音: 擦木系 户艾 格要儿瓜嘎 那哇哟

08 我不知道哪个好。

어느 것이 더 좋은지 잘 모르겠습니다.

语序: 哪个　东西　更　好　好　不清楚
拼音: ao.ne.gao.xi.dao.zo.en.ji.zar.mo.le.gei.sim.ni.da
谐音: 袄呢 高系 淘 奏恩基 擦儿 某了给斯木尼达

6 接受拒绝

 欣然接受

韩语	拼音	汉语	谐音
받다	ba.da	收到	吧哒
받아들이다	ba.da.de.li.da	接受	吧哒得哩哒
인정하다	yin.zeng.ha.da	承认	因增哈哒
허락하다	hao.la.ka.da	许可	好啦卡哒
부디	bu.di	一定	不滴
참석하다	cam.sao.ka.da	出席	擦木扫卡哒
참가하다	cam.ga.ha.da	参加	擦木嘎哈哒
감안하다	ga.ma.na.da	考虑	卡吗那哒
한국	han.guk	韩国	憨谷克
일본	yir.bon	日本	以儿波恩
미국	mi.guk	美国	米谷克
러시아	lao.xi.a	俄罗斯	唠系啊
캐나다	kai.na.da	加拿大	开那哒
프랑스	pe.lang.si	法国	普浪斯
영국	ying.guk	英国	英谷克
독일	do.gir	德国	都给儿

Chapter 2 态度韩语

01 请收下我的诚意。

제 성의를 받아 주세요.

语序 我的 诚意 请收下
拼音 zei.seng.yi.ler.ba.da.zu.sei.yo
谐音 才 僧以了 吧哒 组塞哟

02 可以的话,我就代您作答。

허락하신다면 대신 대답해 드리겠습니다.

语序 允许的话 代替 回答 给您
拼音 hao.la.ka.xin.da.miaon.dai.xin.dai.da.pai.de.li.gei.sim.ni.da
谐音 好啦卡新搭苗恩 带新 带搭拍 得哩该斯木尼达

03 没关系,请随意。

관찮습니다. 마음대로 하세요.

语序 没关系 随意 请
拼音 guan.can.sim.ni.da. ma.em.dai.lo.ha.sei.yo
谐音 款餐斯木尼达。吗厄姆带喽 哈赛哟

04 那就麻烦你了。

그럼 수고하세요.

语序 那么 辛苦了
拼音 ge.laom.su.go.ha.sei.yo
谐音 格唠木 苏够哈塞哟

124

❻ 接受拒绝

05 当然可以,请进吧。

물론이지요. 들어가세요.

语序: 当然　请进

拼音: mur.lo.ni.ji.yo, de.lao.ga.sei.yo

谐音: 木儿喽尼基哟。得唠卡塞哟

06 拜托您考虑我们的立场,给出有诚意的答复。

부디 저의 입장을 감안하시어 성의 있는 회답을

语序: 一定　我的　立场　考虑　诚意　有的　答复

보내 주시기를 부탁드립니다.

语序: 送来　给予　拜托

拼音: bu.di.zao.ei.yip.zang.er.ga.man.ha.xi.ao.seng.yi.yin.nen.hui.da.ber.bo.nai.zu.xi.gi.ler.bu.tak.de.lim.ni.da

谐音: 不滴 曹艾 以普贼尔 卡曼哈系袄 僧义 因嫩 淮哒不儿 波乃 组系给了 不塔克得哩木尼达

07 我一定出席。

저는 꼭 참석하겠습니다.

语序: 我　一定　出席

拼音: zao.nen.gok.cam.sao.ka.gei.sim.ni.da

谐音: 曹嫩 够克 擦木扫卡该斯木尼达

Chapter 2 态度韩语

08 没有妨碍。

별 지장이 안 됩니다.

语序 别的 妨碍 不 成

拼音 biaor.ji.zang.yi.an.duim.ni.da

谐音 表儿 基赃以 安 对木尼达

09 当然啦！

당연하지요！

语序 当然

拼音 dang.yao.na.ji.yo

谐音 当要那基哟

10 我无所谓。

저는 상관없습니다.

语序 我　　没关系

拼音 zao.nen.sang.guan.aop.sim.ni.da

谐音 曹嫩 桑瓜闹普斯木尼达

11 可以早点走。

일찍 들어가도 돼요.

语序 早　回去　可以

拼音 yir.jik.de.lao.ga.do.dui.yo

谐音 以儿基克 得唠卡都 对哟

❻ 接受拒绝

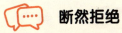 **断然拒绝**

韩语	拼音	汉语	谐音
거부하다	gao.bu.ha.da	拒绝	高不哈哒
거절하다	gao.zao.la.da	拒绝	高遭啦哒
사절하다	sa.zao.la.da	婉拒	萨遭啦哒
사직하다	sa.ji.ka.da	辞职	萨基卡哒
볼일	bor.lir	要办的事	波儿哩儿
주차하다	zu.ca.ha.da	停车	组擦哈哒
병원	bing.won	医院	病沃恩
담배	dam.bai	香烟	塔木呗
아프리카	a.pu.li.ka	非洲	啊普哩卡
논쟁하다	nun.zaing.ha.da	争论	耨恩怎哈哒
병원	bing.won	医院	病沃恩
파티	pa.ti	宴会	帕踢
주차금지	zu.ca.gem.ji	禁止停车	组擦格木基
조용히	zo.yong.hi	安静地	奏用嘿
천천히	caon.cao.ni	慢慢地	曹恩曹尼
조심히	zo.xi.mi	小心地	奏系米

Chapter 2 态度韩语

01 很感谢，但我有事去不了了。

감사합니다만 볼일이 있어서 못 갔어요.

- 语序: 感谢　但是　要办的事　有　没去
- 拼音: gam.sa.ham.ni.da.man.bor.li.li.yi.sao.sao.mot.ga.sao.yo
- 谐音: 卡木撒哈木尼达慢 波儿哩哩 以扫扫 某 卡扫哟

02 这样不可以。

이러면 안됩니다.

- 语序: 这样的话　不可以
- 拼音: yi.lao.miaon.an.duim.ni.da
- 谐音: 以唠苗恩 安对木尼达

03 不可以在这里停车。

여기서 주차해서는 안됩니다.

- 语序: 这里　停车　不可以
- 拼音: yao.gi.sao.zu.ca.hai.sao.nen.an.duim.ni.da
- 谐音: 要给扫 组擦嗨扫嫩 安对木尼达

04 不可以在医院吸烟。

병원에서 담배를 피워서는 안됩니다.

- 语序: 在医院　香烟　吸　不可以
- 拼音: bing.wo.nei.sao.dam.bai.ler.pi.wo.sao.nen.an.duim.ni.da
- 谐音: 病沃乃扫 塔木拜了 皮沃扫嫩 安对木尼达

❻ 接受拒绝

05 我不想去非洲旅行。

아프리카로 여행을 가고 싶지 않아요.

语序: 去非洲　旅行　去　不想

拼音: a.pu.li.ka.lo.yao.haing.er.ga.go.xip.ji.a.na.yo

谐音: 啊普哩卡喽 要恨尔 卡够 系普基 啊那哟

06 我不想争论了。

굳이 논쟁할 필요가 없어요.

语序: 非得　争论的　必要　没有

拼音: gu.ji.nun.zaing.har.pi.lio.ga.aop.sao.yo

谐音: 谷基 耨恩怎哈儿 皮聊嘎 袄普扫哟

07 很抱歉，那天我有事。

미안하지만 마침 그날 일이 있어서요.

语序: 对不起　正好　那天　事　有

拼音: mi.a.na.ji.man.ma.qim.ge.nar.yi.li.yi.sao.sao.yo

谐音: 米啊那基慢 吗器木 格哪儿 以哩 以扫扫哟

08 不需要。

필요 없습니다.

语序: 需要　没有

拼音: pi.lio.aop.sim.ni.da

谐音: 皮聊 奥普斯木尼达

129

Chapter 2 态度韩语

09 很遗憾我不能参加下周的宴会。

미안하지만 다음주의 파티를 참석하지 못하겠어요.

语序: 遗憾　下周的　宴会　不能参加

拼音: mi.a.na.ji.man.da.em.zu.ei.pa.ti.ler.cam.sao.ka.ji.mo.ta.gei.sao.yo

谐音: 米啊那基慢 塔厄姆组艾 帕踢了 擦木扫卡基 某塔该扫哟

10 我不想马上就回去。

바로 돌아가고 싶지 않아요.

语序: 立即　回去　不想

拼音: ba.lo.do.la.ga.go.xip.ji.a.na.yo

谐音: 帕喽 都拉卡够 系普基 啊那哟

130

Chapter 3

旅游韩语

❶ 在机场

❷ 在酒店

❸ 在景点

Chapter 3　旅游韩语

1 在机场

购买机票

韩语	拼音	汉语	谐音
공항	gong.hang	机场	公航
비행기	bi.heing.gi	飞机	比恨给
항공편	hang.gong.piaon	航班	航公票恩
표	pio	票	皮哦
항공권	hang.gong.guon	机票	航公过恩
공항건설비용	gong.hang.gaon.saor.bi.yong	机场建设费	公航高恩扫儿比用
편	piaon	航班	票恩
항공사	hang.gong.sa	航空公司	航公萨
목적지	mok.zaok.ji	目的地	某克遭克基
출발지	cur.bar.ji	出发地	粗儿巴儿基
단체	dan.cei	团体	单才
여행	yao.heing	旅行	要恨
유학	yu.hak	留学	优哈克
관광	guan.guang	观光	关光
비즈니스	bi.zi.ni.si	商务	比滋尼思
방문하다	bang.mu.na.da	访问	帮木那哒

❶ 在机场

语序法学口语

01 不好意思，请问在哪儿买票？

<u>실례합니다만 표를 파는 곳이 어디 있어요</u>?

语序　　失礼了　　　票　　卖的　地方　哪里　　在

拼音　xir.lei.ham.ni.da.man.pio.ler.pa.nen.go.xi.ao.di.yi.sao.yo

谐音　系儿嘞哈木尼达慢 皮哦了 帕嫩 够系 袄滴 以扫哟

02 请您告诉我往首尔的飞机什么时候出发。

<u>서울로 가는 비행기가 언제 출발</u>하는지

语序　往首尔　　去的　　飞机　　什么时候　出发

<u>알려주시겠습니까</u>?

　　　能告诉我吗

拼音　sao.wur.lo.ga.nen.bi.heing.gi.ga.aon.zei.cur.ba.la.nen.ji.ar.liao.zu.xi.
get.sim.ni.ga

谐音　扫屋儿喽 卡嫩 比恨给嘎 袄恩 粗儿吧拉嫩基 啊聊组系该斯木尼嘎

03 我想预订一张4月19日9点从釜山到首尔的禁烟席机票。

<u>저는 4월 19일 9시 부산에서 서울로 가는</u>

语序　我　　4月19号9点　　　从釜山到首尔的

<u>금연석 비행기표를 예약하려고 합니다</u>.

　　禁烟席机票　　　预订　　　想

拼音　zao.nen.sa.wor.xip.gu.yir.gu.xi.bu.sa.nei.sao.sao.wur.lo.ga.nen.gem.
yaon.saok.bi.heing.gi.pio.ler.ye.ya.ka.liao.go.ham.ni.da

谐音　曹嫩 萨沃儿 系普谷以儿 谷系 不萨乃扫 扫屋儿喽 卡嫩 格木要恩扫克
比恨给皮哦了 耶呀卡聊够 哈木尼达

Chapter 3 旅游韩语

04 我应该几点前去机场办手续?

제가 몇 시까지 공항에 가서 수속을 밟아야 하나요?

语序: 我 / 几点截止 / 机场 / 去 / 手续 / 办理呢

拼音: zei.ga.miaot.xi.ga.ji.gong.hang.ei.ga.sao.su.so.ger.bar.ba.ya.ha.na.yo

谐音: 才嘎 秒 系嘎基 公航艾 卡扫 苏搜格儿 帕儿吧呀 哈那哟

05 这是直航。

이것은 직행 비행기예요.

语序: 这个 / 直飞航班 / 是

拼音: yi.gao.sen.ji.keing.bi.heing.gi.ye.yo

谐音: 以高森 基肯 比恨给耶哟

06 飞行几个小时?

비행은 몇 시간동안 하나요?

语序: 飞行 / 几个小时 / 做呢

拼音: bi.heing.en.miaot.xi.gan.dong.an.ha.na.yo

谐音: 比恨恩 秒 系杆东安 哈那哟

07 是要单程的还是往返的呢?

편도요? 아니면 왕복이요?

语序: 单程吗 / 或者 / 往返吗

拼音: piaon.do.yo,a.ni.miaon.wang.bo.gi.yo

谐音: 票恩都哟? 啊尼苗恩 王波给哟?

❶ 在机场

08 要现在出发的吗?

지금 출발하는 거요?

语序　现在　出发的吗

拼音　ji.gem.cur.ba.la.nen.gao.yo

谐音　基格木 粗儿吧拉嫩 高哟

09 请给我两张经济舱票。

일반석 두 장 주세요.

语序　经济舱　两张　请给我

拼音　yir.ban.saok.du.zang.zu.sei.yo

谐音　以儿般扫克 度 赃 组赛哟

10 11 点经济舱是吧?

11 시 일반석이 맞지요?

语序　11 点　经济舱　是吧

拼音　yao.lan.xi.yir.ban.sao.gi.mat.ji.yo

谐音　要兰 系 以儿半扫给 吗基哟

 登机手续

韩语	拼音	汉语	谐音
탑승권	tap.seng.guon	登机牌	塔普僧过恩
티켓	ti.ket	票	踢开特
탑승게이트	tap.seng.gei.yi.te	登机口	塔普僧该以特
승무원	seng.mu.won	乘务员	僧木沃恩

韩语	拼音	汉语	谐音
타다	ta.da	乘坐	塔哒
출발하다	cur.ba.la.da	出发	粗儿吧拉哒
초과하다	co.gwa.ha.da	超过	凑瓜哈哒
킬로그램	kir.lo.ge.leim	千克	尅儿喽格来姆

韩语	拼音	汉语	谐音
출국하다	cur.gu.ka.da	出境	粗儿谷卡哒
비행고도	bi.heing.go.do	飞行高度	比恨够都
온도	on.do	温度	哦恩都
위치	yu.qi	位置	与器

韩语	拼音	汉语	谐音
일정	yir.zeng	行程	以儿增
날씨	nar.xì	天气	那儿系
취소하다	qu.so.ha.da	取消	去搜哈哒
국제	guk.zei	国际	谷克在

🈀 语序法学口语

01 北京到首尔直飞要一个半小时。

북경에서 서울까지 직접 가는데 한 시간 반 걸려요.

语序 从北京到首尔　直接 去　一个半小时　花费

拼音 buk.ging.ei.sao.sao.wur.ga.ji.jik.zaop.ga.nen.dei.han.xi.gan.ban.ger.liao.yo

谐音 不哥英艾扫 扫屋儿嘎基 基克遭普 卡嫩带 憨 系杆 盘 高儿聊哟

02 请给我看一下您的护照和身份证。

여권과 신분증 좀 보여주세요.

语序 护照和身份证　请　给看一下

拼音 yao.guon.gua.xin.bun.zeng.zom.bo.yao.zu.sei.yo

谐音 要过恩瓜 新本增 奏木 波要组塞哟

03 拿好您的行李，请下车。

짐을 잘 챙기셔서 내립시다.

语序 行李 好 拿　请下车

拼音 ji.mer.zar.ceing.gi.xiao.sao.nei.lip.xi.da

谐音 基么 嚓儿 餐给肖扫 乃哩木系哒

04 我可以随身带多重的行李？

얼마만큼의 짐을 가지고 탈 수 있나요？

语序 多少的　行李　拿　可以乘坐

拼音 aor.ma.man.ke.mei.ji.mer.ga.ji.go.tar.su.yin.na.yo

谐音 袄儿吗慢克买 基么 卡基够 塔儿 苏 因那哟

Chapter 3　旅游韩语

05 免费托运的行李是多重？

무료로 얼마만큼까지 짐을 실 수 있나요?

语序　免费　　多重的　　行李　　可以装
拼音　mu.lio.lo.aor.ma.man.kem.ga.ji.ji.mer.xir.su.yin.na.yo
谐音　木聊喽 袄儿吗慢克木嘎基 基么 系儿 苏 因那哟

06 超重行李怎么收费？

초과한 짐의 돈은 어떻게 내나요?

语序　超过的　行李的　钱　　怎么　　交
拼音　co.gua.han.ji.mei.do.nen.ao.dao.kei.nei.na.yo
谐音　凑瓜憨 基买 都嫩 袄到开 乃那哟

07 每千克 200 元。

킬로당 200 원이에요.

语序　每千克　　200 元是
拼音　kir.lo.dang.yi.bei.guo.ni.ei.yo
谐音　尅儿喽当 以摆过尼艾哟

08 现在的飞行高度是多少？

현제 비행고도가 얼마인가요?

语序　现在　　飞行高度　　多少是
拼音　hian.zei.bi.heing.go.do.ga.aor.ma.yin.ga.yo
谐音　喝要恩在 比恨够都嘎 袄儿吗因嘎哟

138

❶ 在机场

09 由于天气原因，飞往首尔的 232 航班将晚点 30 分钟。

날씨가 좋지 않은 관계로 서울향 232 호비행기가

语序: 天气不好的原因　　去往首尔的 232 航班

30 분 지연됩니다.

30 分钟　延迟

拼音: nar.xì.ga.zo.qi.a.nen.guan.gei.lo.sao.wur.hiang.yi.sa.mi.ho.bi.heing.gi.ga.sam.xip.bun.ji.iaon.duim.ni.da

谐音: 那儿系嘎 奏器 啊嫩 关给喽 扫屋量 以萨米后比恨给嘎 萨姆系不恩 基要恩对木尼达

10 由于天气的原因，今天的 232 航班将被取消。

날씨가 좋지 않은 관계로 오늘 232 호비행기는

语序: 天气不好的原因　今天　232 航班

취소되었습니다.

取消

拼音: nar.xì.ga.zo.qi.a.nen.guan.gei.lo.o.ne.li.sa.mi.ho.bi.heing.gi.nen.qu.so.dui.aot.sim.ni.da

谐音: 哪儿系嘎 奏器 啊嫩 关该喽 哦呢儿 以萨米后比恨给嫩 去搜对袄斯木尼达

Chapter 3 旅游韩语

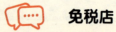 ## 免税店

韩语	拼音	汉语	谐音
면세품	miaon.sei.pum	免税品	苗恩塞普姆
면세점	miaon.sei.zaom	免税店	苗恩塞遭木
선물	saon.mur	礼物	扫恩木儿
특산물	tek.san.mur	特产	特克三木儿
편의점	piao.ni.zaom	便利店	票尼遭木
커피숍	kao.pi.xiop	咖啡厅	考皮肖普
레스토랑	lei.si.to.lang	餐厅	考皮肖普
식사하다	xik.sa.ha.da	吃饭	系克萨哈哒
쇼핑	xio.ping	购物	肖乒
사다	sa.da	购物	萨哒
전자제품	zaon.za.zei.pum	电器	曹恩咋在普姆
화장품	hua.zang.pum	化妆品	话赃普姆
향수	hiang.su	香水	喝样苏
명품	ming.pum	名牌	名普姆
술	sur	酒	苏儿
담배	dam.bai	烟	塔木拜

❶ 在机场

语序法学口语

01 我想买盒烟。

저는 담배 한 갑을 사려고 해요.

语序: 我　烟　一盒　想买
拼音: zao.nen.dam.bei.han.ga.ber.sa.liao.go.hei.yo
谐音: 曹嫩 塔木拜 憨 嘎不儿 萨聊够 嗨哟

02 我要一个面包。

빵 하나 주세요.

语序: 面包 一个 请给我
拼音: bang.ha.na.zu.sei.yo
谐音: 帮 哈那 组塞哟

03 您可以随便选。

마음대로 선택할 수 있어요.

语序: 随便　可以选择
拼音: ma.em.dei.lo.saon.tei.kar.su.yi.sao.yo
谐音: 吗厄姆带喽 扫恩太卡儿 苏 以扫哟

04 可以付现金吗?

현금으로 내도 되나요?

语序: 用现金 支付 可以吗
拼音: hian.ge.me.lo.nei.do.dui.na.yo
谐音: 喝要恩格么喽 乃都 对那哟

Chapter 3　旅游韩语

05　我要刷卡。

저는 카드로 계산하겠어요.

语序　我　用卡　结算
拼音　zao.nen.ka.de.lo.gei.san.ha.gei.sao.yo
谐音　曹嫩 卡得喽 该萨那该扫哟

06　找您零钱。

잔돈을 거슬러 드리겠습니다.

语序　零钱　　找给您
拼音　zan.do.ner.gao.sir.lao.de.li.get.sim.ni.da
谐音　赞都呢 高斯唠 得哩该斯木尼达

07　有什么推荐的商品吗？

뭐 추천 상품이 없어요?

语序　什么　推荐商品　没有吗
拼音　muo.cu.caon.sang.pu.mi.aop.sao.yo
谐音　磨 粗曹恩 桑普米 袄普扫哟

08　能给我介绍一下这个产品吗？

이 상품을 좀 소개해 줄 수 있어요?

语序　这　商品　请　介绍　能给吗
拼音　yi.sang.pu.mer.zom.so.gei.hei.zur.su.yi.sao.yo
谐音　以 桑铺么 奏木 搜给嗨 组儿 苏 以扫哟

① 在机场

09 您要买点什么,小姐?

뭘 사시려고 하는데요, 아가씨?

语序: 什么　　想要买吗　　小姐
拼音: mor.sa.xi.liao.go.ha.nen.dei.yo, a.ga.xì
谐音: 磨儿 萨系聊够 哈嫩带哟,啊嘎系

10 今天就买这些,多少钱?

오늘 이것들을 사는데요. 얼마예요?

语序: 今天　这些　　买　　多少钱
拼音: o.ner.yi.gaot.de.ler.sa.nen.dei.yo, aor.ma.ye.yo
谐音: 哦呢 以高得了 萨嫩带哟。袄儿吗耶哟

11 哪里有卖化妆品的?

어디에서 화장품을 살 수 있어요?

语序: 在哪里　化妆品　　能买到
拼音: ao.di.ei.sao.hua.zang.pu.mer.sar.su.yi.sao.yo
谐音: 袄滴艾扫 话赃普么 撒儿 苏 以扫哟

143

Chapter 3 旅游韩语

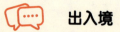 出入境

韩语	拼音	汉语	谐音
입국하다	yip.gu.ka.da	入境	以普谷卡哒
심사하다	xim.sa.ha.da	审查	系木萨哈哒
세관	sei.guan	海关	塞关
신고	xin.go	申报	新够
규제	giu.zei	管制	哥优在
통관하다	tong.guan.ha.da	通关	通瓜那哒
외국인	wai.gu.gin	外国人	外谷给恩
등록	deng.nok	登录	等耨克
신청서	xin.ceng.sao	申请表	新曾扫
작성하다	zak.seng.ha.da	做成	咋克僧哈哒
여권	yao.guon	护照	要过恩
검사하다	gaom.sa.ha.da	检查	考木萨哈哒
제출하다	zei.cu.la.da	交	在粗拉哒
검찰관	gaom.car.guan	检察人员	卡木擦儿关
유효기간	yu.hio.gi.gan	有效期间	优喝哦给杆
체류기간	cai.liu.gi.gan	停留时间	才溜给杆

① 在机场

语序法学口语

01 如何办理外国人登记手续？

외국인 등록을 어떻게 합니까?

语序 外国人　注册　如何　做
拼音 wai.gu.gin.deng.no.ger.ao.dao.kei.ham.ni.ga
谐音 外谷给恩 等耨格儿 袄到开 哈木尼嘎

02 请填写申请表，并贴上一张照片。

신청서를 작성하고 사진 한장 붙이세요.

语序 申请书　制作　照片　一张　请贴上
拼音 xin.ceng.sao.ler.zak.seng.ha.go.sa.jin.han.zang.bu.qi.sei.yo
谐音 新曾扫了 咋克僧哈够 萨基 憨赃 不器塞哟

03 请给我看一下您的护照。

여권을 보여주십시오.

语序 护照　请给我看
拼音 yao.guo.ner.bo.yao.zu.xip.xi.o
谐音 要过呢 波要组系普系哦

04 请问您为什么来韩国？

무슨 일로 한국에 오셨습니까?

语序 为了什么事　韩国　来的呢
拼音 mu.sen.yir.lo.han.gu.gei.o.xiaot.sim.ni.ga
谐音 木森 以儿喽 憨谷给 哦肖斯木尼嘎

Chapter 3 旅游韩语

05 我要延长签证有效期。

비자를 연장하려고 합니다.

语序 签证 延长 想
拼音 bi.za.ler.yaon.zang.ha.liao.go.ham.ni.da
谐音 比咋了 要恩赃哈聊够 哈木尼达

06 您将在两周后收到外国人登录证。

외국인등록증을 2 주일후에 받으실 수 있습니다.

语序 外国人登录证 两周之后 可以收到
拼音 wai.gu.gin.deng.nok.zeng.er.yi.zu.yi.lu.ei.ba.de.xir.su.yit.sim.ni.da.
谐音 外谷给恩等撷克增尔 以组以路艾 吧得系儿 苏 以斯木尼达。

07 我在韩国还能待多长时间?

제가 앞으로 언제까지 한국에 체류할 수 있습니까?

语序 我 今后 何时截止 在韩国 可以滞留
拼音 zei.ga.a.pu.lo.aon.zei.ga.ji.han.gu.gei.cei.liu.har.su.yit.sim.ni.ga
谐音 才嘎 啊普喽 袄恩在嘎基 憨谷该 才溜哈儿 苏 以斯木尼嘎

08 语言学习签证最长可居留两年。

어학연수 비자의 최장 체류기간은 2 년입니다.

语序 语言研修签证的 最长滞留时间 两年 是
拼音 ao.hang.yaon.su.bi.za.ei.qui.zang.cei.liu.gi.ga.nen.yi.niaon.yim.ni.da
谐音 袄航要恩苏 比咋艾 崔赃 才溜给杆嫩 以鸟尼木尼达

❶ 在机场

09 明天是周六,我们不办公。

<u>내일</u>은 <u>토요일이라서</u> <u>근무하지</u> <u>않습니다</u>.

语序: 明天 / 周六的原因 / 上班 / 不

拼音: nei.yi.len.to.yo.yi.li.la.sao.gen.mu.ha.ji.an.sim.ni.da

谐音: 乃以了恩 透哟以哩拉腺 跟木哈基 安斯木尼达

10 您如果提前在网上预约后再来的话,就不用排队等候。

<u>인터넷 예약</u>을 <u>하고 오시면</u> <u>기다리지</u> <u>않으셔도</u> <u>됩니다</u>.

语序: 网上预约 / 做了来的话 / 等待 / 不 / 也可以

拼音: yin.tao.net.ye.ya.ger.ha.go.o.xi.miaon.gi.da.li.ji.a.ne.xiao.do.duim.ni.da

谐音: 因淘乃 耶呀格儿 哈够 哦西苗恩 给哒哩基 啊呢肖都 对木尼达

Chapter 3 旅游韩语

 旅游服务中心

韩语	拼音	汉语	谐音
서비스	sao.bi.si	服务	扫比斯
센터	sen.tao	中心	三淘
활동	huar.dong	活动	话儿东
계획	gei.huik	计划	该淮克
서커스	sao.kao.si	马戏	扫考斯
공연	gong.yaon	演出	公要恩
온천	on.caon	温泉	哦恩曹恩
장소	zang.so	场所	赃搜
국내	gung.nei	国内	谷乃
해외	hei.wai	海外	嗨外
아시아	a.xi.a	亚洲	啊系啊
유럽	yiu.laop	欧洲	优唠普
호주	ho.zu	澳洲	后组
홍보	hong.bo	宣传	红波
숙식	suk.xik	吃住	苏克系克
코스	ko.si	环节	扣斯

① 在机场

语序法学口语

01 下一个环节是参观马戏团。

다음 코스는 서커스 관람입니다

语序: 下面 环节 马戏团观光 是
拼音: da.em.kao.si.nen.sao.kao.si.guan.la.mim.ni.da
谐音: 塔厄姆 扣斯嫩 扫考斯 关啦米木尼达

02 一个人旅游也有很多乐趣。

혼자 여행하는 것도 재미있습니다.

语序: 独自 旅行 有趣
拼音: hon.za.yao.heing.ha.nen.gaot.do.zei.mi.yit.sim.ni.da
谐音: 厚恩咋 要恨哈嫩 高都 在米一斯木尼达

03 我们提供许多精彩的旅行计划。

우리는 멋진 여행계획을 제공합니다.

语序: 我们 精彩的 旅行计划 提供
拼音: wu.li.nen.maot.jin.yao.heing.gei.hui.ger.zei.gong.ham.ni.da
谐音: 舞丽嫩 卯紧 要恨该淮格儿 在公哈木尼达

04 在轮船上观赏美景怎么样?

요트에서 경치를 구경하는 것 어때요?

语序: 在轮船上 景色 看 怎么样
拼音: yo.te.ei.sao.ging.qi.ler.gu.ging.ha.nen.gaot.ao.dei.yo
谐音: 哟特艾扫 哥英器 了 谷哥英哈嫩 高 袄带哟

Chapter 3 旅游韩语

05 距离我们宾馆很近吗？

우리 호텔에서 가까운 거리인가요？

语序　　离我们宾馆　　近的　　距离　　是吗

拼音　wu.li.ho.tei.lei.sao.ga.ga.wun.gao.li.yin.ga.yo

谐音　舞丽 后太嘞扫 卡嘎问 高哩因嘎哟

06 有没有两天左右的首尔旅行观光团？

이틀정도 서울 여행단 있어요？

语序　两天左右　　首尔旅行团　　有吗

拼音　yi.ter.zeng.do.sao.wur.yao.heing.dan.yi.sao.yo

谐音　以特儿增都 扫屋儿 要恨单 以扫哟

07 一会儿去按摩中心做足底按摩。

잠시후에 안마소에 가서 발마사지를 받으러 갑니다．

语序　一会后　　按摩中心　　去　　脚底按摩　　接受　　去

拼音　zam.xi.hu.ei.an.ma.so.ei.ga.sao.bar.ma.sa.ji.ler.ba.de.lao.gam.ni.da

谐音　擦木系户艾 安吗搜艾 卡扫 巴儿吗萨基了 吧得唠 卡普尼达

08 包含食宿吗？

숙식 제공되나요？

语序　食宿　　提供吗

拼音　suk.xik.zei.gong.dui.na.yo

谐音　苏克系克 在公对那哟

❶ 在机场

09 现在预约的话，有什么优惠吗？

지금 예약하면 무슨 혜택이 있어요?

语序: 现在　预约的话　什么　优惠　有吗

拼音: ji.gem.ye.ya.ka.miaon.mu.sen.hei.tei.gi.yi.sao.yo

谐音: 基格木 耶呀卡苗恩 木森 嗨太给 以扫哟

10 下一步去哪里？

다음 코스는 어디예요?

语序: 下一行程　哪里　是

拼音: da.em.ko.si.nen.ao.di.ye.yo

谐音: 塔厄姆 扣斯嫩 袄滴耶哟

Chapter 3 旅游韩语

2 在酒店

 预约入住

韩语	拼音	汉语	谐音
예약하다	ye.ya.ka.da	预约	耶呀卡哒
조용하다	zo.yong.ha.da	安静	奏用哈哒
머물다	mao.mur.da	停留	卯木儿哒
투숙하다	tu.su.ka.da	住宿	兔苏卡哒
체크인	cei.ke.yin	入住	才克因
체크아웃	cei.ke.a.wut	退房	才克啊屋
트윈룸	te.win.lum	双人间	特晕路木
싱글룸	xing.ger.lum	单人间	行格儿路木
객실	geik.xir	客房	该克系儿
비지니스	bi.zi.ni.si	商务	比基尼思
오락센터	o.lak.sen.tao	娱乐中心	哦拉克三淘
만원	ma.non	客满	吗诺恩
확인하다	hua.gi.na.da	确认	话给那哒
취소하다	qu.so.ha.da	取消	去搜哈哒
배정하다	bei.zeng.ha.da	分派	呗增哈哒
빡빡하다	bak.ba.ka.da	紧	吧克吧卡哒

❷ 在酒店

语序法学口语

01 我想预订单间。

방을 예약하려고 하는데요.

语序 单间　预约　　　　想要
拼音 bang.er.ye.ya.ka.liao.go.ha.nen.dei.yo
谐音 帮尔 耶呀卡聊够 哈嫩带哟

02 从 3 号到 5 号。

3 일부터 5 일까지입니다.

语序 3号开始　5号截止　是
拼音 sa.mir.bu.tao.o.yir.ga.ji.yim.ni.da
谐音 萨米儿不淘 哦以儿嘎基一木尼达

03 给我个安静的单间。

조용한 독방으로 해주세요.

语序 安静的 单间　　　请给我
拼音 zo.yong.han.dok.bang.e.lo.hei.zu.sei.yo
谐音 奏用憨 都克帮厄喽 嗨组塞哟

04 请给我个双人间。

더블룸으로 해주세요.

语序 双人间　　　请给
拼音 dao.ber.lu.me.lo.hei.zu.sei.yo
谐音 淘不路么喽 嗨组塞哟

Chapter 3　旅游韩语

05　包含早饭吗？

아침식사는 포함됩니까？

语序　早饭　　　包含吗

拼音　a.qim.xik.sa.nen.po.ham.duim.ni.ga

谐音　啊器木系克萨嫩 剖哈木对木尼嘎

06　房费是多少？

방값이 얼마예요？

语序　房费　　多少是

拼音　bang.gap.xi.aor.ma.ye.yo

谐音　帮卡普系 袄儿吗耶哟

07　不给折扣吗？

디스카운트를 안해 주세요？

语序　折扣　　不　给吗

拼音　di.si.ka.wun.te.ler.a.nei.zu.sei.yo

谐音　滴思卡问特了 啊乃 组塞哟

08　请明天 6 点叫早。

내일 6시 모닝콜 부탁드립니다.

语序　明天　6点　叫早　　拜托

拼音　nei.yir.yao.saot.xi.mo.ning.kor.bu.tak.de.lim.ni.da

谐音　乃以儿 要扫系 某宁扣儿 不塔克得哩木尼达

❷ 在酒店

09 我要办入住手续。

투숙등록을 좀 해주세요.

语序	投宿登录	请	给办理
拼音	tu.suk.deng.no.ger.zom.hei.zu.sei.yo
谐音	兔苏克等耨格儿 奏木 嗨组赛哟

10 这是房卡。

룸카드 여기 있습니다.

语序	房卡	这里	是
拼音	lum.ka.de.yao.gi.yit.sim.ni.da
谐音	路木卡得 要给 一斯木尼达

Chapter 3 旅游韩语

 ## 投诉抱怨

韩语	拼音	汉语	谐音
고장나다	go.zang.na.da	弄坏	够赃那哒
바꾸다	ba.gu.da	更换	帕谷哒
문제	mun.zei	问题	门在
준비	zun.bi	准备	尊毕
재떨이	zei.dao.li	烟灰缸	在到哩
컵	kaop	杯子	考普
접시	zaop.xi	盘子	曹普系
유리잔	yu.li.zan	玻璃杯	优哩赞
이불	yi.bur	被子	以不儿
베개	bei.gai	枕头	被该
이불잇	yi.bu.lit	被罩	以不哩特
시트	xi.te	床单	系特
에어컨	ei.ao.kaon	空调	艾袄考恩
선풍기	saon.pung.gi	风扇	扫恩蓬给
난방	nan.bang	暖气	难帮
냉방	neing.bang	冷气	嫩帮

❷ 在酒店

01 我想换房间。

방을 바꾸고 싶어요.

语序 房间　换　想
拼音 bang.er.ba.gu.go.xi.pao.yo
谐音 帮尔 帕谷够 系跑哟

02 房间还没有打扫好吗?

방을 아직 청소 안했어요?

语序 房间　还　打扫　没做吗
拼音 bang.er.a.jik.ceng.so.a.nei.sao.yo
谐音 帮尔 啊基克 曾搜 啊乃扫哟

03 空调有点儿毛病。

에어컨이 문제 있습니다.

语序 空调　毛病　有
拼音 e.ao.kao.ni.mun.zei.yit.sim.ni.da
谐音 艾袄考尼 门在 以斯木尼达

04 我现在检查一下房间。

지금 방을 체크해 드리겠습니다.

语序 现在　房间　检查　给您
拼音 ji.gem.bang.er.cei.ke.hei.de.li.get.sim.ni.da
谐音 基格木 帮尔 才克嗨 得哩该斯木尼达

Chapter 3 旅游韩语

05 不出热水了。

더운 물 안 나와요.

语序: 热水　不　出来

拼音: dao.wun.mur.an.na.wa.yo

谐音: 淘问 木儿 安 那哇哟

06 你这是什么态度啊?

이게 무슨 태도예요?

语序: 这　什么　态度　是

拼音: yi.gei.mu.sen.tei.do.ye.yo

谐音: 以给 木森 太都耶哟

07 看不了电视。

TV 못 봐요.

语序: 电视　不能看

拼音: ti.bi.mut.bua.yo

谐音: 踢毕 某 吧哟

08 没有烟灰缸吗?

재떨이 없어요?

语序: 烟灰缸　没有吗

拼音: zei.dao.li.aop.sao.yo

谐音: 在到哩 袄普扫哟

❷ 在酒店

09 能给我准备一床新被子吗?

새이불 하나 준비해 줄 수 있나요?

语序 新的被子　一个　准备　给可以吗
拼音 se.yi.bur.ha.na.zun.bi.hei.zur.su.yin.na.yo
谐音 些以 不儿 哈那 尊毕嗨 组儿 苏 因那哟

10 能换个灯泡吗?

전구 바꿔 줄 수 있나요?

语序 灯泡　更换　给可以吗
拼音 zeng.gu.ba.guo.zur.su.yin.na.yo
谐音 曹恩谷 帕过 组儿 苏 因那哟

Chapter 3 旅游韩语

 结账退房

韩语	拼音	汉语	谐音
보증금	bo.zeng.gem	押金	波增格木
언제	aon.zei	什么时候	袄恩在
계산	gei.san	付款	该三
현금	hian.gem	现金	喝要恩格木
은행카드	en.heing.ka.de	银行卡	厄嫩卡得
외상	wai.sang	赊账	外桑
잊다	yit.da	忘记	以哒
방	bang	房间	帮
공항	gong.hang	机场	公航
비행기	bi.heing.gi	飞机	比恨给
열차	yaor.ca	火车	邀儿擦
기차	gi.ca	火车	给擦
택시	teik.xi	出租车	太克系
버스	bao.si	公交	包斯
지하철	ji.ha.caor	地铁	基哈曹儿
전차	zaon.ca	电车	造恩擦

❷ 在酒店

语序法学口语

01 什么时候开始退房?

언제 체크아웃 하겠어요?

- 语序: 什么时候　退房　　做
- 拼音: aon.zei.cei.ke.a.wu.ta.gei.sao.yo
- 谐音: 袄恩在 才克啊屋 塔给扫哟

02 房间住得怎么样?

방은 어때요?

- 语序: 房间　怎么样
- 拼音: bang.en.ao.dei.yo
- 谐音: 帮恩 袄带哟

03 您是付现金还是刷卡?

계산을 현금으로 할까요? 아니면 카드로 할까요?

- 语序: 结账　　用现金　　做吗　　或者　用银行卡　做吗
- 拼音: gei.sa.ner.hian.ge.me.lo.har.ga.yo a.ni.miaon.ka.de.lo.har.ga.yo
- 谐音: 该萨呢儿 喝要恩格么喽 哈儿嘎哟? 啊尼苗恩 卡得喽 哈儿嘎哟

04 麻烦在这里签个字。

죄송하지만 여기에 사인해 주세요.

- 语序: 对不起　　　这里　签名　　请给
- 拼音: zui.song.ha.ji.man.yao.gi.ye.sa.yin.hei.zu.sei.yo
- 谐音: 最松哈基慢 要给耶 萨以乃 组塞哟

Chapter 3　旅游韩语

05 别忘东西。

물건을 잊지 마세요.

- 语序：东西　忘　不要
- 拼音：mur.gao.ner.yit.ji.ma.sei.yo
- 谐音：木儿高呢 以基 吗塞哟

06 退房到下午 2 点为止。

체크아웃 오후 2 시까지입니다.

- 语序：退房　下午 2 点截止　是
- 拼音：ce.ke.a.wu.o.hu.du.xi.ga.ji.yim.ni.da
- 谐音：才克啊屋 哦户 度系嘎基一木尼达

07 共计 18 万元。

총 18 만원입니다.

- 语序：合计　18 万　是
- 拼音：cong.xip.par.man.won.yim.ni.da
- 谐音：从 系帕儿吗诺尼木尼达

08 要帮您叫出租车吗？

택시 불러드릴까요？

- 语序：出租车　给叫吗
- 拼音：teik.xi.bur.lao.de.lir.ga.yo
- 谐音：太克系 不儿唠得哩儿嘎哟

❷ 在酒店

09 这是您的押金。

보증금 여기 있습니다.

语序 押金　这里　是

拼音 bo.zeng.gem.yao.gi.yit.sim.ni.da

谐音 波增格木 要给 一斯木尼达

Chapter 3 旅游韩语

3 在景点

 景点门票

韩语	拼音	汉语	谐音
어디	ao.di	哪里	袄滴
표	pio	票	皮哦
사다	sa.da	买	萨哒
학생	hak.seing	学生	哈克森
할인	ha.lin	打折	哈林
성인표	seng.yin.pio	成人票	僧因票
어린이표	ao.li.ni.pio	儿童票	袄哩尼票
자유 이용권	za.yu.yi.yong.guon	通票	咋优 以用过恩
카드	ka.de	银行卡	卡得
결재하다	giaor.zei.ha.da	结账	格要儿在哈哒
입장료	yip.zang.nio	门票钱	以普赃鸟
케이블카	kei.yi.bur.ka	缆车	开以不儿卡
서비스	sao.bi.si	服务	扫比斯
포함되다	po.ham.dui.da	包括	剖哈木对哒
비용	bi.yong	费用	比用
입장권	yip.zang guon	入场券	以普赃过恩

❸ 在景点

语序法学口语

01 请问在哪里买票?

어디서 표를 살 수 있어요?

语序: 哪里 票 能买

拼音: ao.di.sao.pio.ler.sar.su.yi.sao.yo

谐音: 袄滴扫 皮哦了 萨儿 苏 以扫哟

02 我可以享受学生优惠吗?

학생 할인 받을 수 있어요?

语序: 学生 优惠 享受 能吗

拼音: hak.seng.ha.lin.ba.der.su.yi.sao.yo

谐音: 哈克森 哈林 吧得儿 苏 以扫哟

03 请给我两张成人票和一张儿童票。

성인표 두장 하고 어린이표 한 장 주세요.

语序: 成人票 两张 和 儿童票 一张 给

拼音: seng.yin.pio.du.zang.ha.go.ao.li.ni.pio.han.zang.zu.sei.yo

谐音: 僧因票 度 赃哈够 袄哩尼票 憨 赃 组塞哟

04 可以刷卡结账吗?

카드로 결재할 수 있어요?

语序: 用银行卡 结账 能吗

拼音: ka.de.lo.giao.zei.har.su.yi.sao.yo

谐音: 卡得喽 格要儿在哈儿 苏 以扫哟

Chapter 3 旅游韩语

05 请给我一张通票。

자유 이용권 한 장 주세요.

语序: 通票　一张　给
拼音: za.yu.yi.yong.guon.han.zang.zu.sei.yo
谐音: 咋优 以用过恩 憨 赃 组塞哟

06 门票中包含哪些服务项目?

이 입장권은 어떤 서비스가 포함돼요?

语序: 门票　哪些　服务项目　包含
拼音: yi.yip.zang guo.nen.ao.daon.sao.bi.si.ga.po.ham.dui.yo
谐音: 以 以普赃过嫩 袄道恩 扫比斯嘎 剖哈木对哟

07 包含入场费和缆车。

입장료와 케이블카 비용이 포함됩니다.

语序: 入场费　缆车　费用　包含
拼音: yip.zang.nio.wa.kei.yi.bur.ka.bi.yong.yi.po.ham.duim.ni.da
谐音: 以普赃鸟哇 开以不儿卡 比用以 剖哈木对木尼达

❸ 在景点

 景点游玩

韩语	拼音	汉语	谐音
관람마감	guar.lam.ma.gam	闭馆	瓜拉木吗嘎木
입장	yip.zang	入场	以普赃
가능하다	ga.neng.ha.da	可能	卡能哈哒
사진을 찍다	sa.ji.ner.jik.da	拍照	萨基呢 基克哒
관광안내소	guan.guang.an.nei.so	旅游问讯处	关光安乃搜
경치	ging.qi	风景	哥英器
신비하다	xin.bi.ha.da	神秘	新比哈哒
매력적이다	mei.liaok.zao.gi.da	有魅力	买聊克遭给哒
들어가다	de.lao.ga.da	进入	得唠卡哒
야간 개장	ya.gan.gei.zang	夜间开放	呀杆 该赃
한강	han.gang	汉江	憨刚
한국	han.guk	韩国	憨谷克
강	gang	江	康
제일	zei.yir	最	才以儿
상상	sang.sang	想象	桑桑
아름답다	a.lem.dap.da	美丽	啊了木哒普哒

Chapter 3 旅游韩语

语序法学口语

01 闭馆前 30 分钟禁止入场。

관람마감 30 분 전까지 입장 가능합니다.

- **语序**: 闭馆　30 分钟　前为止　入场　可以
- **拼音**: guar.lam.ma.gam.sam.xip.bun.zaon.ga.ji.yip.zang.ga.neng.ham.ni.da
- **谐音**: 瓜拉木吗嘎木 萨姆系本 曹恩嘎基 以普赃 卡能哈木尼达

02 能帮我拍一张照片吗?

사진 한 장 찍어 주시겠어요 ?

- **语序**: 照片　一张　拍照　给
- **拼音**: sa.jin.han.zang.ji.gao.zu.xi.gei.sao.yo
- **谐音**: 萨紧 憨 赃 基高 组系该扫哟

03 请问旅游问讯处在哪?

관광안내소가 어디에 있어요 ?

- **语序**: 旅游问讯处　哪里　有
- **拼音**: guan.guang.an.nei.so.ga.ao.di.ei.yi.sao.yo
- **谐音**: 关光安乃搜嘎 袄滴艾 以扫哟

04 景色真好。

경치가 참 좋네요.

- **语序**: 景色　真　好
- **拼音**: ging.qi.ga.cam.zo.nei.yo
- **谐音**: 哥英器嘎 擦木 奏乃哟

❸ 在景点

05 真是既神秘又美丽的地方。

신비하면서도 매력적인 곳이네요.

语序　　　神秘　　　有魅力　　　地方

拼音　xin.bi.ha.miaon.sao.do.mei.liaok.zao.gin.go.xi.nei.yo

谐音　新比哈苗恩扫都 买聊克遭给恩 够西乃哟

06 还要走多久?

얼마나 더 가야 하나요?

语序　多久　还　走　要

拼音　aor.ma.na.tao.ga.ya.ha.na.yo

谐音　袄儿吗那 淘 卡呀 哈那哟

07 可以进去吗?

들어가도 되나요?

语序　　进去　　可以

拼音　de.lao.ga.do.dui.na.yo

谐音　的唠卡都 对那哟

08 夜场时间从下午4点开始。

야간 개장은 오후 4시부터입니다.

语序　夜间　开放　下午　4点　开始　是

拼音　ya.gan.gei.zang.en.o.hu.nei.xi.bu.tao.yim.ni.da

谐音　呀杆 该赃恩 哦户 乃系不淘一木尼达

Chapter 3 旅游韩语

09 汉江是韩国最长的江。

한강은 한국에서 제일 긴 강이에요.

语序 汉江　　在韩国　　最　长　江　是

拼音 han.gang.en.han.gu.gei.sao.zei.yir.gin.gang.yi.ei.yo

谐音 憨刚恩 憨谷给扫 才以儿 给恩 康以矮哟

10 比想象中的还要漂亮。

상상보다 더 많이 아름답네요.

语序 想像　比　还　更　　漂亮

拼音 sang.sang.bo.da.tao.ma.ni.a.lem.dam.nei.yo

谐音 桑桑波哒 淘 吗尼 啊了木哒木乃哟

❸ 在景点

 景点纪念

韩语	拼音	汉语	谐音
건물	gaon.mur	建筑物	高恩木儿
배경	bei.giong	背景	拜哥拥
지역	ji.yaok	地区	基要克
특산물	tek.san.mur	特产	特克三木儿
단체	dan.cei	团体	单才
부치다	bu.qi.da	寄	不器哒
기념품	gi.niaom.pum	纪念品	给鸟木普姆
유명하다	yu.ming.ha.da	有名	优米英哈哒
특별하다	tek.biao.la.da	特别	特克表拉哒
또	do	又	都
어떤	ao.daon	怎样的	袄道恩
추천하다	cu.cao.na.da	推荐	粗曹那哒

01 能帮我拍一张照片吗?

사진 한 장 좀 찍어 주실 수 있어요?

语序: 照片　一张　请　拍　　　能给
拼音: sa.jin.han.zang.zaom.ji.gao.zu.xir.su.yi.sao.yo
谐音: 萨紧 憨 赃 奏木 基高 组系儿 苏 以扫哟

Chapter 3 旅游韩语

02 请以这个建筑物为背景帮我拍张照。

이 건물을 배경으로 해서 찍어 주세요.

语序: 这个 建筑物 背景 以 拍照 给

拼音: yi.gao.nu.mu.ler.bei.bing.e.lo.hei.sao.ji.gao.zu.sei.yo

谐音: 以 高恩木了 拜哥英厄喽 嗨扫 基高 组塞哟

03 请给我推荐一些特产。

특산물 좀 추천해 주세요.

语序: 特产 推荐 给

拼音: tek.san.mur.zaom.cu.cao.nei.zu.sei.yo

谐音: 特克三木儿 奏木 粗曹乃 组塞哟

04 我想买当地的特产。

이 지역의 특산물 좀 사고 싶습니다.

语序: 本地区 特产 买 想

拼音: yi.ji.yao.gei.tek.san.mur.zaom.sa.go.xip.sim.ni.da

谐音: 以 基要该 特克三木儿 奏木 萨够 系普斯木尼达

05 给你们照一张团体照吗?

단체 사진 한 장 찍어 드릴까요?

语序: 团体照 一张 照

拼音: dan.cei.sa.jin.han.zang.ji.gao.de.lir.ga.yo

谐音: 单才 萨紧 憨 赃 基高 得哩儿嘎哟

❸ 在景点

06 我会把在这拍的照片寄给你。

여기서 찍은 사진을 부쳐 드리겠습니다.

语序　　这里　　照　　照片　　寄　　　给
拼音　yao.gi.sao.ji.gen.sa.ji.ner.bu.qiao.de.li.gei.sim.ni da
谐音　要给扫 基跟 萨基呢 不敲 得哩该斯木尼达

07 在韩国什么纪念品有名?

한국에는 어떤 기념품이 유명하나요?

语序　　韩国　　什么　　纪念品　　有名
拼音　han.gu.gei.nen.ao.daon.gi.niaom.pu.mi.yu.ming.ha.na.yo
谐音　憨谷给嫩 袄道恩 给鸟木普米 优名哈那哟

08 那里应该也有特别的纪念品。

거기서 특별한 기념품이 또 있을 거예요.

语序　　那里　　特别的　　纪念品　　也　　有
拼音　gao.gi.sao.tek.biao.lan.gi.niaom.pu.mi.do.yi.sir.gao.ye.yo
谐音　高给扫 特克表兰 给鸟木普米 都 以斯儿 高耶哟

Chapter 4

消费韩语

1. 享受美食
2. 轻松购物
3. 美容美发

Chapter 4 消费韩语

1 享受美食

 餐厅订位

韩语	拼音	汉语	谐音
레스토랑	lei.si.to.lang	餐厅	嘞斯透浪
호텔	ho.teir	酒店	后太儿
식당	xik.dang	饭馆	系克当
요리점	yo.li.zaom	料理店	哟哩遭木
자리	za.li	座位	擦哩
테이블	tei.yi.bur	桌子	太以不儿
창문	cang.mun	窗户	仓门
전화번호	zao.nua.bao.no	电话号码	曹怒啊包耨
미리	mi.li	提前	米哩
예약하다	ye.ya.ka.da	预约	耶呀卡哒
서비스	sao.bi.si	服务	扫比斯
성함	seng.ham	姓名	僧哈木
혼자	hon.za	独自	后恩咋
둘이서	du.li.sao	两个人	度哩扫
셋이서	sei.xi.sao	三个人	塞系扫
뷔페	bei.pei	自助餐	被派

❶ 享受美食

01 我想预订一下座位。

자리를 예약하고 싶습니다.

语序: 座位　预订　　想要
拼音: za.li.ler.ye.ya.ka.go.xip.sim.ni.da
谐音: 擦哩了 耶呀卡够 系普斯木尼达

02 可以预订明天的餐座吗?

내일 식사자리를 미리 예약할 수 있어요?

语序: 明天　餐座　　提前　预订　能吗
拼音: nei.yir.xik.sa.za.li.ler.mi.li.ye.ya.kar.su.yi.sao.yo
谐音: 乃以儿 系克萨咋哩了 米哩 耶呀卡儿 苏 以扫哟

03 在窗户旁有一张空桌。

창문 옆의 테이블이 비어 있어요.

语序: 窗户边的　桌子　　空着
拼音: cang.mun.yao.pei.te.yi.bu.li.bi.ao.yi.sao.yo
谐音: 仓门 咬拍 太以不哩 比凹 以扫哟

04 请给我靠窗的座位。

창문 옆 자리 주세요.

语序: 窗边的　座位　请给我
拼音: cang.mun.yaop.za.li.zu.sei.yo
谐音: 仓木 鸟普 咋哩 组赛哟

Chapter 4 消费韩语

05 我想预订4个人的座位。

4명자리를 예약하고 싶어요.

语序 4人的座位　预约　想
拼音 nei.ming.za.li.ler.ye.ya.ka.go.xi.pao.yo
谐音 乃米英咋哩了 耶呀卡够 系跑哟

06 周六的下午3点,对吧?

토요일 오후 3시 맞지요?

语序 周六　下午　3点　是吗
拼音 to.yo.yir.o.hu.set.xi.mat.ji.yo
谐音 透哟以儿 哦户 塞系 吗基哟

07 请问您的姓名是什么?

성함이 어떻게 되세요?

语序 名字　什么　是
拼音 seng.ha.mi.ao.dao.kei.dui.sei.yo
谐音 僧哈米 袄到开 对塞哟

08 麻烦说一下您的电话号码。

실례하지만 전화번호가 어떻게 되십니까?

语序 失礼了　电话号码　怎么　是
拼音 xir.lei.ha.ji.man.zao.nua.bao.no.ga.ao.dao.kei.dui.xim.ni.ga
谐音 系儿来哈基慢 曹怒啊包瑙嘎 袄到开 对系木尼嘎

❶ 享受美食

09 这个座位您满意吗?

이 자리 마음에 드세요 ?

语序 这 座位 满意吗
拼音 yi.za.li.ma.e.mei.de.sei.yo.
谐音 以 咋哩 吗厄买 得塞哟?

10 不好意思,那个座位已经被预订了。

미안하지만 그 자리가 이미 예약되었어요 .

语序 对不起 那座位 已经 被预订了
拼音 mi.a.na.ji.man.ge.za.li.ga.yi.mi.ye.yak.dui.ao.sao.yo
谐音 米啊那基慢 格 咋哩嘎 以米 耶呀克对扫哟

Chapter 4 消费韩语

 菜单点菜

韩语	拼音	汉语	谐音
메뉴	mei.niu	菜单	买拗
주문하다	zu.mu.na.da	点菜	组木那哒
시키다	xi.ki.da	点菜	系尅哒
추천하다	cu.cao.na.da	推荐	粗曹那哒
비빔밥	bi.bim.bap	拌饭	比比木帕普
떡볶이	daok.bo.gi	炒年糕	到波给
불고기	bur.go.gi	烤肉	不儿够给
된장찌게	duin.zang.ji.gei	大酱汤	对恩赃基该
삼계탕	sam.gei.tang	参鸡汤	萨姆该汤
김치	gim.qi	泡菜	给木器
자장면	za.zang.mian	炸酱面	咋赃苗恩
오무라이스	o.mu.la.yi.si	蛋包饭	哦木拉以斯
냉면	neing.miaon	冷面	嫩苗恩
음료수	em.nio.su	酒水	厄姆鸟苏
소주	so.zu	烧酒	搜组
맥주	meik.zu	啤酒	买克组

01 您要来点儿什么?

주문하시겠습니까?

语序: 点餐吗
拼音: zu.mun.ha.xi.get.xim.ni.ga
谐音: 组木哈系该斯木尼嘎

02 您要点菜还是吃套餐?

주문 할까요? 아니면 정식을 먹을까요?

语序: 点餐　　　或者　套餐　　吃吗
拼音: zu.mun.har.ga.yo,a.ni.miaon.zeng.xi.ger.mao.ger.ga.yo
谐音: 组木 哪儿嘎哟? 啊尼苗恩 增系格儿 卯儿嘎哟

03 今天的特色菜是什么?

오늘의 특색요리는 뭐예요?

语序: 今天的　特色菜　什么是
拼音: o.ne.lei.tek.sei.yo.li.nen.muo.ye.yo
谐音: 哦呢嘞 特克赛克哟嫩 磨耶哟

04 我们饭店的烤肉很好吃。

우리 식당의 불고기 아주 맛있어요.

语序: 我们饭店的　烤肉　特别　好吃
拼音: wu.li.xik.dang.ei.bur.go.gi.a.zu.ma.xi.sao.yo
谐音: 舞丽 系克当矮 不儿够给 啊组 吗系扫哟

Chapter 4　消费韩语

05 这个恐怕没有了。

이거 아마 없을 겁니다.

语序　这个　可能　没有了
拼音　yi.gao.a.ma.aop.sir.gaom.ni.da
谐音　以高 啊马 袄普斯儿 高木尼达

06 您能吃辣吗?

매운 거 괜찮아요?

语序　辣的东西　没关系吗
拼音　mei.wun.gao.guan.ca.na.yo
谐音　买问 高 款擦那哟

07 今天推荐这个菜。

오늘 추천요리는 이겁니다.

语序　今天　推荐菜　这个是
拼音　o.ner.cu.caon.yo.li.nen.yi.gaom.ni.da
谐音　哦呢 粗曹拗哩嫩 以高木尼哒

08 虽然辣了点儿,但是很好吃。

맵긴 하지만 아주 맛있어요.

语序　虽然辣　很　美味
拼音　meip.gin.ha.ji.man.a.zu.ma.xi.sao.yo
谐音　买普给恩 哈基慢 啊组 吗系扫哟

享受美食

09 还需要点别的菜吗?

다른 거 안 시키세요?

语序: 别的东西　　不点吗
拼音: da.len.gao.an.xi.ki.sei.yo.
谐音: 塔了恩 高 安 系尅塞哟?

10 酒水您要什么?

음료수는 무엇으로 드릴까요?

语序: 饮料　　什么　　给您
拼音: em.nio.su.nen.mu.ao.si.lo.de.lir.ga.yo
谐音: 厄木鸟苏嫩 木袄斯喽 得哩儿嘎哟

11 给我一份烤肉和一瓶烧酒。

불고기와 소주 한 병 주세요.

语序: 烤肉　和　烧酒　一瓶　给我
拼音: bur.go.gi.wa.so.zu.han.bing.zu.sei.yo
谐音: 不儿够给哇 搜组 憨 并 组塞哟

Chapter 4 消费韩语

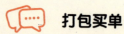 **打包买单**

韩语	拼音	汉语	谐音
계산하다	gei.san.ha.da	结账	该萨那哒
현금	hian.gem	现金	喝要恩格木
신용카드	xin.yong.ka.de	信用卡	新用卡得
영수증	yeng.su.zeng	发票	英苏增
술	sur	酒	苏儿
따로따로	da.lo.da.lo	各自	哒喽哒喽
한턱내다	han.taong.nei.da	请客	憨通乃哒
거스름돈	gao.si.lem.don	找零	考斯了木都恩
팁	tip	小费	踢普
초대하다	co.dei.ha.da	招待	凑待哈哒
케이크	kei.yi.ke	蛋糕	开以克
커피	kao.pi	咖啡	考皮
칵테일	kak.te.yir	鸡尾酒	卡克太以儿
오렌지쥬스	o.len.ji.zu.si	橙汁	哦兰基就斯
와인	wa.yin	红酒	哇引
콜라	kor.la	可乐	扣儿啦

❶ 享受美食

01 请买单。

계산하십시요.

- 语序: 买单
- 拼音: gei.san.ha.xip.xi.yo
- 谐音: 该萨那系普系哦

02 我们各付各的。

우리는 따로따로 계산할 거예요.

- 语序: 我们 各自 结账
- 拼音: wu.li.nen.da.lo.da.lo.gei.san.har.gao.ye.yo
- 谐音: 舞丽嫩 哒喽哒喽 给三哈儿 高耶哟

03 今天您结账好吗?

오늘 계산하셔도 괜찮지요?

- 语序: 今天 结账 可以吗
- 拼音: o.ner.gei.san.ha.xiao.do.guan.can.qi.yo
- 谐音: 哦呢 给三哈肖都 款餐器哟

04 今天我请客。

오늘 내가 한턱 낼게요.

- 语序: 今天 我 请客
- 拼音: o.ner.nei.ga.han.taong.neir.gei.yo
- 谐音: 哦呢 乃嘎 憨通 乃儿给哟

Chapter 4　消费韩语

05　今天的酒我买单。

오늘 술은 제가 살게요.

语序：今天　酒　我　买

拼音：o.ner.su.len.zei.ga.sar.gei.yo

谐音：哦呢 苏了恩 才嘎 撒儿该哟

06　找您 3000 元。

거스름돈은 3000 원입니다.

语序：找零　3000 元　是

拼音：gao.si.lem.do.nen.sam.caon.won.yim.ni.da

谐音：考斯了木都嫩 萨木曹诺尼木尼达

07　剩下的钱留作小费吧。

남은 돈은 팁이에요.

语序：剩下的 钱　小费　是

拼音：na.men.do.nen.ti.bi.ei.yo

谐音：那门 都嫩 踢毕矮哟

08　多谢款待。

초대해 주셔서 감사합니다.

语序：招待　给予　感谢

拼音：co.dei.hei.zu.xiao.sao.gam.sa.ham.ni.da

谐音：凑待嗨 组肖扫 卡木撒哈木尼达

❶ 享受美食

09 不知是否合您的口味。

입에 맞는지 모르겠어요.

语序: 嘴 / 合与否 / 不知道
拼音: yip.ei.man.nen.ji.mo.le.gei.sao.yo
谐音: 以摆 慢嫩基 某了给扫哟

10 欢迎下次光临。

또 오십시오.

语序: 再 来
拼音: do.o.xip.xi.o
谐音: 都 哦系普系哦

Chapter 4 消费韩语

2 轻松购物

尺码颜色

韩语	拼音	汉语	谐音
사이즈	sa.yi.zi	尺码	萨以滋
색깔	seik.gar	颜色	塞嘎儿
크다	ke.da	大的	克哒
작다	zak.da	小的	咋克哒
맞다	mat.da	合适	吗哒
어울리다	ao.wur.li.da	合适	袄屋哩哒
딱맞다	dang.mat.da	刚好	当吗哒
몸매	mom.mei	身材	某木买
흰색	hin.seik	白	恨塞克
검은색	gao.men.seik	黑	考门塞克
빨간색	bar.gan.seik	红	吧儿杆塞克
분홍색	bu.nong.seik	粉红色	不弄塞克
와이셔츠	wa.yi.xiao.ci	衬衫	哇以肖次
양복	yang.bok	西装	洋波克
스커트	si.kao.te	裙子	斯考特
원피스	won.pi.si	连衣裙	沃恩皮斯

❷ 轻松购物

语序法学口语

01 能让我看一下那条连衣裙吗?

그 원피스를 좀 보여줄 수 있어요?

- 语序: 那个　连衣裙　请　给看一下可以吗
- 拼音: ge.won.pi.si.ler.zom.bo.yao.zur.su.yi.sao.yo
- 谐音: 格 沃恩皮斯了 奏木 波要组儿 苏 以扫哟

02 有别的款式吗?

다른 디자인도 있나요?

- 语序: 别的　设计　也　有吗
- 拼音: da.len.di.za.yin.do.yin.na.yo
- 谐音: 塔了恩 滴咋因都 因那哟

03 您喜欢什么颜色的?

어떤 색깔을 좋아하시나요?

- 语序: 什么　颜色　喜欢
- 拼音: ao.daon.seik.ga.ler.zo.a.ha.xi.na.yo
- 谐音: 袄到恩 塞嘎了 奏啊哈系那哟

04 我想买个黑色的。

저는 검은색 거 사고 싶어요.

- 语序: 我　黑色的　买　想
- 拼音: zao.nen.gao.men.seik.gao.sa.go.xi.pao.yo
- 谐音: 曹嫩 考门 塞克 高 萨够 系跑哟

189

Chapter 4 消费韩语

05 您的尺码是多少?

사이즈는 얼마인가요?

语序 尺码 多少是

拼音 sa.yi.ji.nen.aor.ma.yin.ga.yo

谐音 萨以滋嫩 袄儿吗因嘎哟

06 这件好像很合适。

이건 잘 어울리는 것 같아요.

语序 这个 很 适合 好像

拼音 yi.gaon.zar.ao.wur.li.nen.gaot.ga.ta.yo

谐音 以高恩 咋儿 啊屋哩嫩 高 嘎塔哟

07 这件裙子我可以试穿一下吗?

이 스커트 입어봐도 될까요?

语序 这裙子 试穿 可以吗

拼音 yi.si.kao.te.yi.bao.bua.do.duir.ga.yo

谐音 以 斯考特 以包吧都 对儿嘎哟

08 可以,试衣间在那边。

예, 탈의실은 저쪽입니다.

语序 是的 试衣间 那边 是

拼音 ye, ta.li.xi.len.zao.zo.gim.ni.da

谐音 耶,塔以系了恩 曹奏给木尼哒

❷ 轻松购物

09 我应该穿多大尺码的?

저에게 어느 사이즈가 어울리나요?

语序: 我　　　什么　尺码　　　合适呢
拼音: zao.ei.gei.ao.ne.sa.yi.ji.ga.ao.wur.li.na.yo
谐音: 曹艾该 袄呢 萨以滋嘎 袄屋哩那哟

10 还有更大的号吗?

더 큰 사이즈 없어요?

语序: 更 大　号码　　没有吗
拼音: dao.ken.sa.yi.ji.aop.sao.yo
谐音: 淘 肯 萨以滋 袄普扫哟

Chapter 4 消费韩语

 讨价还价

韩语	拼音	汉语	谐音
가격	ga.giaok	价格	卡格要克
디스카운트	di.si.ka.wun.te	打折	滴思卡问特
할인판매	ha.lin.pan.mei	降价	哈林盘卖
백화점	bei.kua.zaom	百货商店	拜夸遭木

韩语	拼音	汉语	谐音
비싸다	bi.sa.da	贵	比萨哒
싸다	sa.da	便宜	萨哒
낮다	nat.da	低	那哒
높다	nop.da	高	耨普哒

韩语	拼音	汉语	谐音
얼마	aor.ma	多少钱	袄儿吗
원	won	元	沃恩
위안	yu.an	元	与安
달러	dar.lao	美元	哒儿唠

韩语	拼音	汉语	谐音
억	aok	亿	袄克
만	man	万	慢
천	caon	千	曹恩
백	beik	百	拜克

2 轻松购物

01 这裙子多少钱？

이 치마는 얼마예요?

语序 这 裙子 多少 是
拼音 yi.qi.ma.nen.aor.ma.ye.yo
谐音 以 器吗嫩 袄儿吗耶哟

02 这苹果多少钱一斤？

이 사과는 한근에 얼마예요?

语序 这 苹果 一斤 多少 是
拼音 yi.sa.gua.nen.han.ge.nei.aor.ma.ye.yo
谐音 以 萨瓜嫩 憨格乃 袄儿吗耶哟

03 价格很合理。

가격은 정말 적당해요.

语序 价格 真的 适当
拼音 ga.giao.gen.zeng.mar.zaok.dang.hei.yo
谐音 卡格要跟 曾马儿 遭克当嗨哟

04 不能再便宜一点儿吗？

좀 싸게 해줄 수 없어요?

语序 稍微 便宜 给我不行吗
拼音 zom.sa.gei.hei.zur.su.op.sao.yo
谐音 奏木 萨该 嗨组儿 苏 袄普扫哟

Chapter 4 消费韩语

05 您想出个什么价钱？

얼마 정도로 생각하시나요 ?

语序 多少钱 左右 您想
拼音 aor.ma.zeng.do.lo.seing.ga.ka.xi.na.yo
谐音 袄儿吗 增都喽 森嘎卡系那哟

06 稍微便宜一点儿吧。

좀 깎아주세요.

语序 稍微 便宜点儿
拼音 zom.ga.ga.zu.sei.yo
谐音 奏木 嘎嘎组塞哟

07 再便宜我不能卖了。

더 싸면 전 팔지 못해요.

语序 再 便宜 我 卖 不能
拼音 dao.sa.miaon.zaon.par.ji.mo.tei.yo
谐音 淘 萨苗恩 曹恩 帕儿基 某太哟

08 我不喜欢讨价还价。

저는 흥정하는 것을 싫어해요.

语序 我 讨价还价 不喜欢
拼音 zao.nen.heng.zeng.ha.nen.gao.sir.xi.lao.hei.yo
谐音 曹嫩 哼增哈嫩 高斯儿 系唠嗨哟

❷ 轻松购物

09　真便宜!

정말 싸군요!

语序　真的　　便宜啊
拼音　zeng.mar.sa.gu.nio
谐音　曾马儿 萨谷拗

10　太贵了，我不买了。

너무 비싸서 사지 않을 거예요.

语序　太　　贵　买　　不
拼音　nao.mu.bi.sa.sao.sa.ji.an.ner.gao.ye.yo
谐音　闹木 比萨扫 萨基 啊呢 高耶哟

Chapter 4 消费韩语

 付款包装

韩语	拼音	汉语	谐音
수표	su.pio	支票	苏票
포장	po.zang	包装	剖赃
영수증	ying.su.zeng	发票	英苏增
잔돈	zan.don	零钱	赞都恩
계산하다	gei.san.ha.da	支付	该萨那哒
지불하다	ji.bu.la.da	支付	基不拉哒
계산대	gei.san.dei	收银台	该三带
배달비	bei.dar.bi	送货费	拜哒儿比
선물	saon.mur	礼物	扫恩木儿
축하하다	cu.ka.ha.da	祝贺	粗卡哈哒
배달하다	bei.da.la.da	送货	拜哒拉哒
선사하다	saon.sa.ha.da	送礼	扫恩萨哈哒
스타일	si.ta.yir	风格	斯塔以儿
풍격	pung.giaok	风格	蓬格要克
유행하다	yu.heing.ha.da	流行	优恨哈哒
실용성	xir.yong.seng	实用性	系儿用僧

❷ 轻松购物

语序法学口语

01 我马上给您结算一下。

바로 계산해 드리겠습니다.

- 语序: 马上　结账　　为您
- 拼音: ba.lo.gei.san.hei.de.li.get.sim.ni.da
- 谐音: 帕喽 给三嘿 得哩给斯木尼达

02 收银台在哪里？

계산대가 어디 있어요？

- 语序: 收银台　哪里　在呢
- 拼音: gei.san.dei.ga.ao.di.yi .sao.yo
- 谐音: 该三带嘎 袄滴 以扫哟

03 可以刷卡吗？

카드로 계산할 수 있나요？

- 语序: 用卡　结算　可以吗
- 拼音: ka.de.lo.gei.san.har.su. yin.na.yo
- 谐音: 卡得喽 该萨那儿 苏 因那哟

04 需付5万元。

5 만원 주세요.

- 语序: 5万元　请给
- 拼音: o.ma.nuon.zu.sei.yo
- 谐音: 哦吗诺恩 组塞哟

Chapter 4 消费韩语

05 您付现金还是使用信用卡?

현금으로 하시겠어요? 아니면 카드로 하시겠어요?

语序: 用现金　做吗　或者是　用卡　做吗

拼音: hian.ge.me.lo.ha.xi.gei.sao.yo,a.ni.miaon.ka.de.lo.ha.xi.gei.sao.yo

谐音: 喝要格么喽 哈系给扫哟? 啊尼苗恩 卡得喽 哈系给扫哟

06 您有零钱吗?

잔돈이 있습니까?

语序: 零钱　有吗

拼音: zan.do.ni.yit.sim.ni.ga

谐音: 赞都尼 以斯木尼嘎

07 需要发票吗?

영수증 드릴까요?

语序: 发票　给您吗

拼音: ying.su.zeng.de.lir.ga.yo

谐音: 英苏增 得哩儿嘎哟

08 找您 300 元。

거스름돈 300 원 여기 있습니다.

语序: 找零　300元　这里　有

拼音: gao.si.lem.don.sam.beik.won.yao.gi.yit.sim.ni.da

谐音: 考斯了木都恩 萨姆拜锅恩 要给 以斯木尼达

❷ 轻松购物

09 送货费 2000 元。

배달비는 2000 원입니다.

语序: 送货费 | 2000元 | 是
拼音: bei.dar.bi.nen.yi.caon.won.yim.ni.da
谐音: 拜哒儿比嫩 以曹诺恩一木尼达

10 请给我包装成礼物。

선물로 포장 부탁드립니다.

语序: 做礼物 | 包装 | 拜托
拼音: saon.mur.lo.po.zang.bu.tak.de.lim.ni.da
谐音: 扫恩木儿喽 剖赃 不塌克得哩木尼哒

11 请给我开张发票。

영수증을 떼주세요.

语序: 发票 | 请开
拼音: ying.su.zeng.er.dei.zu.sei.yo
谐音: 英苏增尔 带组塞哟

Chapter 4 消费韩语

 退换维修

韩语	拼音	汉语	谐音
바꾸다	ba.gu.da	退换	帕谷哒
물리다	mur.li.da	还回	木儿哩哒
빨래하다	bar.lei.ha.da	洗衣服	吧嘞哈哒
바래다	ba.lei.da	褪色	帕嘞哒
수리	su.li	维修	苏哩
하자	ha.za.	瑕疵	哈咋
불량품	bur.liang.pum	次品	不儿良普木
흠집	hem.jip	缺陷	和木基普
보증기간	bo.zeng.gi.gan	保证期	波增给杆
품질문제	pum.jir.mun.zei	品质问题	普木基儿门在
진하다	ji.na.da	浓	机那达
줄다	zur.da	减少	组儿哒
버리다	bao.li.da	扔	包哩哒
나쁘다	na.bu.da	坏	那不哒
색깔	seik.gar	颜色	塞嘎儿
재질	zei.jir	材质	才基儿

❷ 轻松购物

语序法学口语

01 有质量问题的话,可以退货吗?

품질문제라면 물릴 수 있습니까?

语序 品质问题的话　　退换可以吗
拼音 pum.jir.mun.zei.la.miaon.mur.lir.su.yit.sim.ni.ga
谐音 普木基儿门在拉苗恩 木哩儿 苏 以斯木尼嘎

02 可以换吗?

바꿀 수 있습니까?

语序 换可以吗
拼音 ba.gur.su.yit.sim.ni.ga
谐音 帕谷儿 苏 一斯木尼嘎

03 我想退这件衣服。

이 옷을 물리고 싶은데요.

语序 这衣服　退货　想
拼音 yi.o.sir.mur.li.go.xi.pen.dei.yo
谐音 以 哦斯儿 木哩够 系喷带哟

04 颜色比我预想的要深。

색깔이 생각보다 진해요.

语序 颜色　比想象的　深
拼音 seik.ga.li.seing.gak.bo.da.ji.nei.yo
谐音 塞嘎哩 森嘎克波哒 基乃哟

Chapter 4 消费韩语

05 这件衣服不合适。

이 옷은 안 어울려요.

语序 | 这衣服 / 不 / 合适
拼音 yi.o.sen.an.ao.wur.liao.yo
谐音 以 哦森 啊 闹屋聊哟

06 保质期多长时间?

보증기간은 얼마예요?

语序 | 保证期间 / 多少 / 是
拼音 bo.zeng.gi.ga.nen.aor.ma.ye.yo
谐音 波增给噶嫩 袄儿吗耶哟

07 洗的话不会缩水吗?

빨래하면 줄지 않겠어요?

语序 | 洗衣服的话 / 缩水 / 不会吗
拼音 bar.lei.ha.miaon.zur.ji.an.ket.sao.yo
谐音 吧来哈苗恩 组儿基 安开扫哟

08 不满意的话,可以退货吗?

마음에 안들면 물릴 수 있습니까?

语序 | 不满意的话 / 退货可以吗
拼音 ma.e.mei.an.der.miaon.mur.lir.su.yit.sim.ni.ga
谐音 吗厄买 安得儿苗恩 木哩儿 苏 以斯木尼嘎

❷ 轻松购物

09 不会褪色吗？

색이 바래지 않아요 ?

语序 颜色 褪色 不会吧
拼音 sei.gi.ba.lei.ji.a.na.yo
谐音 塞给 帕来基 啊那哟

10 可以打多少折扣？

세일을 얼마 해주시겠어요 ?

语序 打折 多少 给呢
拼音 se.yi.ler.aor.ma.hei.zu.xi.get.sao.yo
谐音 塞以了 袄儿吗 嗨组系该扫哟

11 如有质量问题可退可换。

품질문제가 생기면 바꿀 수 있고 또는 물릴 수도 있습니다.

语序 质量问题 产生的话 换货可以 或者 退货也可以
拼音 pum.jir.mun.zei.ga.seing.gi.miaon.ba.gur.su.yit.go.do.nen.mur.lir.su.do.yit.sim.ni.da
谐音 普木基儿门在嘎 森给苗恩 帕谷儿 苏 以够 都嫩 木哩儿 苏都 以斯木尼达

3 美容美发

美容美体

韩语	拼音	汉语	谐音
미용	mi.yong	美容	米用
미용실	mi.yong.xir	美容院	米用系儿
몸	mom	身体	某木
신체	xin.cei	身体	新才
피부	pi.bu	皮肤	皮不
입술	yip.sur	嘴唇	以普苏儿
립스틱	lip.si.tik	口红	哩普斯踢克
립글로스	lip.ger.lo.si	唇彩	哩普格儿喽斯
화장	hua.zang	化妆	话赃
메이크업	mei.yi.ke.aop	化妆	买以克袄普
베이스	bei.yi.si	隔离霜	拜一斯
파운데이션	pa.wun.dei.yi.xiaon	粉底液	帕问带以肖恩
화장수	hua.zang.su	化妆水	话脏苏
마스카라	ma.si.ka.la	睫毛膏	吗斯卡拉
인조속눈썹	in.zo.song.nun.saop	假睫毛	因奏松怒嗯扫普
화장품	hua.zang.pum	化妆品	话赃普木

❸ 美容美发

01 做一下按摩吧。

마사지 하세요.

语序　按摩　做吧
拼音　ma.sa.ji.ha.sei.yo
谐音　吗萨基 哈塞哟

02 这个套餐也包含肌肤护理。

이 세트는 피부관리도 포함됩니다.

语序　这个　套餐　肌肤护理　包括
拼音　yi.sei.te.nen.pi.bu.guar.li.do.po.ham.duim.ni.da
谐音　以 塞特嫩 皮不管理都 剖哈木对木尼达

03 您是第一次做美容吗？

미용 처음이에요？

语序　美容　第一次　是吗
拼音　mi.yong.cao.e.mi.ye.yo
谐音　米用 曹厄米艾哟

04 请躺下。

누우세요.

语序　请躺下
拼音　nu.wu.sei.yo
谐音　怒屋塞哟

Chapter 4 消费韩语

05 力度可以吗？

힘이 괜찮아요？

- 语序: 力度　没关系吗
- 拼音: hi.mi.guan.ca.na.yo
- 谐音: 嘿米 宽擦那哟

06 我想化妆。

메이크업 하고 싶어요．

- 语序: 化妆　想做
- 拼音: mei.yi.ke.aop.ha.go.xi.pao.yo
- 谐音: 买以克袄普 哈够 系跑哟

07 做全身按摩吗？

전신마사지 할까요？

- 语序: 全身的按摩　做吗
- 拼音: zaon.xin.ma.sa.ji.har.ga.yo
- 谐音: 曹恩新吗萨基 哈儿嘎哟

08 都有些什么套餐呢？

무슨 세트 있어요？

- 语序: 什么　套餐　有
- 拼音: mu.sen.sei.te.yi.sao.yo
- 谐音: 木森 塞特 以扫哟

❸ 美容美发

09 我首推这个套餐。

이 세트 제일 추천합니다.

语序: 这个套餐　最　推荐
拼音: yi.sei.te.zei.yir.cu.caon.ham.ni.da
谐音: 以 塞特 才以儿 粗曹那木尼达

10 要尝试一下吗?

이거 해볼까요?

语序: 这个　试一下吗
拼音: yi.gao.hei.bor.ga.yo
谐音: 以高 嗨波儿嘎哟

11 在这边换衣服。

여기서 옷 갈아입으세요.

语序: 在这里　衣服　请换
拼音: yao.gi.sao.ot.ga.la.yi.be.sei.yo
谐音: 要给扫 哦特 卡拉以不塞哟

12 放轻松。

릴렉스 하세요.

语序: 放松　请
拼音: li.lek.si. ha.sei.yo
谐音: 李累可 丝 哈塞哟

Chapter 4 消费韩语

 ## 发型设计

韩语	拼音	汉语	谐音
머리카락	mao.li.ka.lak	头发	卯哩卡拉克
헤어스타일	hei.ao.si.ta.yir	发型	嗨袄斯塔以儿
머리결	mao.li.giaor	发质	卯哩格要儿
머리스타일	mao.li.si.ta.yir	发型	卯哩斯塔以儿
긴머리	gin.mao.li	长发	给恩卯哩
커트머리	kao.te.mao.li	短发	考特卯哩
자르다	za.le.da	剪	擦了哒
염색	yaom.seik	染	要木塞克
거울	gao.ur	镜子	高物儿
다듬다	da.dem.da	整理	塔得木哒
단정하다	dan.zeng.ha.da	整齐	贪增哈哒
감다	gam.da	洗	卡木哒
머리를 감다	mao.li.ler.gam.da	洗头发	卯哩了 卡木哒
길다	gir.da	长	给儿哒
짧다	zar.da	短	咋儿哒
이발사	yi.bar.sa	理发师	以吧儿萨

语序法学口语

01 我想变换一下发型。

머리모양을 좀 바꾸고 싶은데요.

语序　发型　稍微 变换一下　　想
拼音　mao.li.mo.yang.er.zom.ba.gu.go.xi.pen.dei.yo
谐音　卯哩某洋尔 奏木 帕谷够 系喷带哟

02 请给我剪个自然点儿的发型。

머리를 좀 자연스럽게 잘라 주세요.

语序　头发　稍微　自然地　　请给我剪
拼音　mao.li.ler.zom.za.yaon.si.laop.gei.zar.la.zu.sei.yo
谐音　卯哩了 奏木 咋要恩斯唠普给 咋儿啦 组塞哟

03 天气热,请给我剪个清爽的运动发型。

날씨가 더운데 시원하게 스포츠머리로 잘라주세요.

语序　天气　热　清爽地　运动发型　请剪给我
拼音　nar.xi.ga.dao.wun.dei.xi.wo.na.gei.si.po.ci.mao.li.lo.zar.la.zu.sei.yo
谐音　那儿系嘎 淘问带 系沃那给 斯剖次卯哩喽 咋儿啦组塞哟

04 剪个什么样的发型好呢?

어떤 머리를 하는 게 좋을까요?

语序　什么的　发型　做　比较好
拼音　ao.daon.mao.li.ler.ha.nen.gei.zo.er.ga.yo
谐音　袄道恩 卯哩了 哈嫩 给 奏尔嘎哟

Chapter 4 消费韩语

05 短头发比长头发好些。

긴머리보다는 커트머리를 하는 게 좀 나을 것 같아요.

语序 与长发相比　　　短发　　做　　稍微　　好一点

拼音 gin.mao.li.bo.da.nen.kao.te.mao.li.ler.ha.nen.gei.na.er.gaot.ga.ta.yo

谐音 给恩卯哩波哒嫩 考特卯哩了 哈嫩 给 奏木 那尔 高 嘎塔哟

06 剪头发的时候顺便烫头发吧。

머리를 자르는 김에 파마도 하세요.

语序 头发　　剪　　顺便　　烫发　　做

拼音 mao.li.ler.za.le.nen.gi.mei.pa.ma.do.ha.sei.yo

谐音 卯哩了 咋了嫩 给卖 帕吗都 哈塞哟

07 请用凉水好好地清洗头发。

차가운 물로 머리를 잘 헹구세요.

语序 用凉水　　头发　　好好地　　清洗

拼音 ca.ga.wun.mur.lo.mao.li.ler.zar.heng.gu.sei.yo

谐音 擦嘎问 木儿喽 卯哩了 嚓儿 恨谷塞哟

08 哲洙，你不想像我这样把头发弄一下吗？

철수 씨도 저처럼 머리를 손질해보지 않겠습니까?

语序 哲洙　　像我这样　　头发　　打理一下　　不吗

拼音 caor.su. xì.do.zao.cao.laom.mao.li.ler.son.ji.lei.bo.ji.an.kei.sim.ni.ga

谐音 曹儿苏 系都 遭曹唠木 卯哩了 搜恩基来波基 安开斯木尼嘎

❸ 美容美发

09 这样做可以吗?

이렇게 하면 되지요?

语序: 这样 / 做的话 / 可以吧
拼音: yi.lao.kei.ha.miaon.dui.ji.yo
谐音: 以唠开 哈苗恩 对基哟

10 人们看了我的头发后都说我的发质很好。

사람들은 제 머리를 보고 머리결이 참 좋다고 합니다.

语序: 人们 / 我的头发 / 看到 / 发质 / 真好 / 说
拼音: sa.lam.de.len.zei.mao.li.ler.bo.go.mao.li.giao.li.cam.zo.ta.go.ham.ni.da
谐音: 萨拉木的了恩 才 卯哩了 波够 卯哩格要哩 擦木 奏塔够 哈木尼达

11 什么颜色比较好呢?

어느 색깔 좋을까요?

语序: 什么 / 颜色 / 好呢
拼音: ao.ne.seik.gar.zo.er.ga.yo
谐音: 袄呢 塞嘎儿 奏尔嘎哟

12 很适合你,也很好洗。

손님한테 잘 어울리고 빨래하기도 좋아요.

语序: 客人 / 很适合 / 洗 / 也好
拼音: son.nim.han.tei.car.ao.wur.li.go.bar.lei.ha.gi.do.zo.a.yo
谐音: 搜恩尼慢太 嚓儿 袄屋哩够 吧来哈给都 奏啊哟

Chapter 4 消费韩语

 ## 美甲服务

韩语	拼音	汉语	谐音
페인팅	pei.yin.ting	彩绘	派音听
손톱	son.top	指甲	搜恩透普
네일	nei.yir	指甲	乃以儿
메니큐어	mei.ni.kiu.ao	指甲油	美尼克优袄
세련하다	sei.liao.na.da	干练	塞聊那哒
자연스럽다	za.yaon.si.lop.da	自然	咋要恩斯唠普哒
간단하다	gan.dan.ha.da	简单	看单哈哒
아름답다	a.lem.dap.da	美丽	啊了木哒普哒
귀엽다	gui.yaop.da	可爱	贵要普哒
화려하다	hua.liao.ha.da	华丽	话聊哈哒
반짝이다	ban.za.gi.da	闪亮	半咋给哒
호화스럽다	ho.hua.si.laop.da	豪华	后话斯唠普哒
제거제	zei.gao.zei	去除剂	才高在
바르다	ba.le.da	涂	帕了哒
어울리다	ao.wur.li.da	合适	袄屋哩哒
리본	li.bon	蝴蝶结	哩波恩

❸ 美容美发

语序法学口语

01 我想做一个比较适合这个冬天颜色的指甲。

이 겨울과 어울리는 손톱 메이크업 하고 싶어요.

语序: 这个 冬天　适合的　　　　　美甲　　　想做
拼音: yi.giao.wur.gua.ao.wur.li.nen.son.top.mei.yi.ke.aop.ha.go.xi.pao.yo
谐音: 以 格要屋儿瓜 袄屋哩嫩 搜恩透普 买以克袄普 哈够 系跑哟

02 您看这边指甲彩绘如何？

여기 있는 손톱 페인팅 어때요?

语序: 这边的　　指甲彩绘　　怎么样
拼音: yao.gi.yin.nen.son.top.pei.yin.ting.ao.dei.yo
谐音: 要给 因嫩 搜恩透普 派以听 袄带哟

03 帮我做成民族风的。

민속풍습으로 해주세요.

语序: 民族风　　　请做
拼音: min.zok.pung.si.bu.lo.hei.zu.sei.yo
谐音: 民搜克蓬斯不喽 嗨组塞哟

04 去除剂也得一块买。

제거제도 같이 사야 해요.

语序: 去除剂　一起 买　要
拼音: zei.gao.zei.do.ga.qi.sa.ya.hei.yo
谐音: 才高在都 卡器 萨呀 嗨哟

Chapter 4 消费韩语

05 要涂红色的吗?

빨간색 바를까요?

| 语序 | 红色 | 涂抹吗 |

拼音 bar.gan.seik.ba.ler.ga.yo

谐音 吧儿杆塞克 帕了嘎哟

06 您喜欢什么颜色?

좋아하는 색깔이 뭔데요?

| 语序 | 喜欢的 | 颜色 | 是什么 |

拼音 zo.a.ha.nen.seik.ga.li.mon.dei.yo

谐音 奏啊哈嫩 塞嘎哩 磨恩带哟

07 涂上你喜欢的指甲油。

좋아하는 메니큐어 바르세요.

| 语序 | 喜欢的 | 指甲油 | 涂 |

拼音 zo.a.ha.nen.mei.ni.kiu.ao.ba.le.sei.yo

谐音 奏啊哈嫩 没尼克优袄 帕了塞哟

08 您看这样可以吗?

이렇게 조화해도 돼요?

| 语序 | 这样 | 调合 | 可以吗 |

拼音 yi.lao.kei.zo.hua.hei.do.dui.yo

谐音 以唠开 奏话嗨都 对哟

❸ 美容美发

09 在这边涂一条线出来行吗?

여기서 무늬 그려도 되지요?

语序 在这里　条纹　画　好吗
拼音 yao.gi.sao.mu.ni.ge.liao.do.dui.ji.yo
谐音 要给扫 木尼 格聊都 对基哟

10 反复把它涂浓。

진하기 위해 반복해서 바르세요.

语序 　浓　为了　反复　　涂抹
拼音 ji.na.gi.yu.hei.ban.bo.kei.sao.ba.le.sei.yo
谐音 基那给 与嗨 盘波开扫 帕了塞哟

Chapter 5

交通韩语

1. 乘公交
2. 搭地铁
3. 坐出租

Chapter 5 交通韩语

1 乘公交

询问路线

韩语	拼音	汉语	谐音
버스	bao.si	公交	包斯
교통규칙	gio.tong.giu.qik	交通规则	格一哦通格优器克
전차	zaon.ca	电车	曹恩擦
지하철	ji.ha.caor	地铁	基哈曹儿
정류장	zeng.niu.zang	公交车站	增拗赃
역	yaok	车站	要克
첫차	caot.ca	首班车	曹擦
막차	mak.ca	末班车	吗克擦
만원	ma.non	满员	吗诺恩
신호등	xi.no.deng	信号灯	系耨等
위반하다	yu.ban.ha.da	违反	与吧那哒
횡단보도	hing.dan.bo.do	人行道	混当波都
통근버스	tong.gen.bao.si	公交车	通跟包斯
지하철역	ji.ha.caor.laok	地铁站	基哈曹儿聊克
시각표	xi.gak.pio	时刻表	系嘎票
간격	gan.giaok	间隔	敢格要克

❶ 乘公交

语序法学口语

01 发往市里的公交车在什么地方?

> 시내로 가는 통근버스 어디에 있습니까?

- 语序: 往市内 / 去的 / 公交车 / 哪里 / 在
- 拼音: xi.nei.lo.ga.nen.tong.gen.bao.si.ao.di.ei.yit.sim.ni.ga
- 谐音: 系乃喽 卡嫩 通跟包斯 袄滴艾 一斯木尼嘎

02 请问最近的地铁站在哪里?

> 가장 가까운 지하철역은 어디에 있습니까?

- 语序: 最 / 近的 / 地铁站 / 哪里 / 在
- 拼音: ga.zang.ga.ga.wun.ji.ha.caor.liao.gen.ao.di.ei.yit.sim.ni.ga
- 谐音: 卡赃 卡嘎问 基哈曹聊跟 袄滴艾 一斯木尼嘎

03 下一班公交车什么时候来?

> 다음 통근버스는 얼마나 기다려야 합니까?

- 语序: 下一班 / 公交车 / 多久 / 要等
- 拼音: da.em.tong.gen.bao.si.nen.aor.ma.na.gi.da.liao.ya.ham.ni.ga
- 谐音: 塔厄木 通跟包斯嫩 袄儿吗那 给哒聊呀 哈木尼嘎

04 每隔 10 分钟一趟。

> 10 분 간격으로 있어요.

- 语序: 10分钟 / 间隔 / 有
- 拼音: xip.bun.gan.giao.ge.lo.yi.sao.yo
- 谐音: 系本 看格要格喽 以扫哟

Chapter 5　交通韩语

05　请给我一张地铁票和公交车地图。

지하철표 한 장과 교통지도를 주세요.

语序　地铁票　一张　和　交通地图　请给我

拼音　ji.ha.caor.pio.han.zang.gua.gio.tong.ji.do.ler.zu.sei.yo

谐音　基哈曹儿票 憨 赃瓜 格—哦通基都了 组塞哟

06　在哪一站下车呢？

어디서 내려야 하나요？

语序　在哪里　下车呢

拼音　ao.di.sao.nei.liao.ya.ha.na.yo

谐音　袄滴扫 乃聊呀 哈那哟

07　请带我去天安门广场。

천안문광장까지 가 주세요.

语序　到天安门广场　去　请

拼音　caon.an.mun.guang.zang.ga.ji.ga.zu.sei.yo

谐音　曹难门光赃嘎基 卡 组赛哟

08　末班车是几点？

막차는 언제요？

语序　末班车　几点呢

拼音　mak.ca.nen.aon.zei.yo

谐音　吗克擦嫩 袄恩在哟

❶ 乘公交

09 离这儿 50 米有车站。

여기서 50 미터 가면 정류장이 있어요.

语序: 从这里 / 50 米 / 走的话 / 车站 / 有

拼音: yao.gi.sao.o.xip.mi.tao.ga.miaon.zeng.niu.zang.yi.yit.sao.yo

谐音: 要给扫 哦系木米淘 卡苗恩 增拗赃以 以扫哟

10 我要一辆出租车。

택시를 타려고 합니다.

语序: 出租车 / 坐 / 想

拼音: teik.xi.ler.ta.liao.go.ham.ni.da

谐音: 太克系了 塔聊够 哈木尼达

11 当地时间 5 点。

현지시간으로 5시예요.

语序: 当地时间 / 5 点 / 是

拼音: hian.ji.xi.ga.ne.lo.da.saot.xi.ye.yo

谐音: 喝要恩基系杆呢喽 塔扫系耶哟

Chapter 5 交通韩语

 如何换乘

韩语	拼音	汉语	谐音
갈아타다	ga.la.ta.da	换乘	卡拉塔哒
플랫폼	per.let.pom	站台	普儿来坡姆
버스정류장	bao.si.zeng.niu.zang	公交站	包斯增拗赃
고속버스	go.sok.bao.si	快速公交	够搜克包斯

동	dong	东	东
서	sao	西	扫
남	nan	南	那木
북	buk	北	不克

시내버스	xi.nei.bao.si	普通巴士	系乃包斯
시티투어	xi.ti.tu.ao	观光巴士	系踢兔袄
마중하다	ma.zong.ha.da	迎接	吗宗哈哒
노선	no.saon	路线	耨扫恩

회수권	hui.su.guon	月票	淮苏过恩
노선도	no.saon.do	线路图	耨扫恩都
세우다	sei.wu.da	停车	塞屋哒
교통국	gio.tong.guk	交通局	格一哦通谷克

❶ 乘公交

语序法学口语

01 去仁川的话需要在哪里换乘?

인천에 가려면 어디서 차를 갈아타야 하나요?

- 语序: 仁川　去的话　在哪里　车　换乘呢
- 拼音: yin.cao.nei.ga.liao.miaon.ao.di.sao.ca.ler.ga.la.ta.ya.ha.na.yo
- 谐音: 因曹乃 卡聊茵恩 袄滴扫 擦了 卡拉塔呀 哈那哟

02 在首尔换乘。

서울역에서 갈아탑니다.

- 语序: 在首尔站　换乘
- 拼音: sao.wur.liao.gei.sao.ga.la.ta.ya.ham.ni.da
- 谐音: 扫屋聊给扫 卡拉塔姆尼达

03 这里是明洞吗?

여기가 명동입니까?

- 语序: 这里　明洞　是吗
- 拼音: yao.gi.ga.ming.dong.yim.ni.ga
- 谐音: 要给嘎 米英东一木尼嘎

04 请在这里停车。

여기서 세워 주세요.

- 语序: 这里　停车　请给
- 拼音: yao.gi.sao.sei.wo.zu.sei.yo
- 谐音: 要给扫 塞沃 组塞哟

Chapter 5　交通韩语

05 堵车了。

차가 막히네요.

- 语序：车　　堵了
- 拼音：ca.ga.ma.ki.nei.yo
- 谐音：擦嘎 吗尅乃哟

06 需要换乘地铁吗?

지하철을 갈아타야 하나요?

- 语序：地铁　　要换乘吗
- 拼音：ji.ha.cao.ler.ga.la.ta.ya.ha.na.yo
- 谐音：基哈曹了 卡拉塔呀 哈那哟

07 要换几路公交车?

몇 번 버스를 갈아타야 합니까?

- 语序：几路 公交车　　要换乘
- 拼音：miaot.baon.bao.si.ler.ga.la.ta.ya.ham.ni.ga
- 谐音：秒 报恩 包斯了 卡拉塔呀 哈木尼嘎

08 请向车站工作人员咨询相关的换乘事项。

역 직원한테 환승 사항을 물어보십시오.

- 语序：向车站工作人员　换乘　事项　　请咨询
- 拼音：yaok.ji.guon.han.tei.huan.seng.sa.hang.er.mu.lao.bo.xip.xi.yo
- 谐音：要克 基过难太 换僧 萨航尔 木唠波系普西哦

❶ 乘公交

09 算上换乘，大概需要多少时间？

환승 포함하면 얼마나 걸리나요?

语序	换乘	包括的话	多少时间	花费呢
拼音	huan.seng.po.ham.ha.miaon.aor.ma.na.gaor.li.na.yo
谐音	换僧 剖哈吗苗恩 袄儿吗那 高哩那哟

10 我不太清楚要怎么换乘公交车。

어떻게 버스를 갈아타는지 잘 모릅니다.

语序	怎样	公交车	换乘	不知道
拼音	ao.dao.kei.bao.si.ler.ga.la.ta.nen.ji.zar.mo.lem.ni.da
谐音	袄到开 包斯了 卡拉塔嫩基 嚓儿 某了木尼达

225

Chapter 5 交通韩语

 坐错车

韩语	拼音	汉语	谐音
승차권	seng.ca.guon	车票	僧擦过恩
시영	xi.ying	市营	系英
국영	gu.ging	国营	谷哥英
역내	yaong.nei	站台内	英乃
정류장	zeng.niu.zang	车站	增拗赃
지도	ji.do	地图	基都
정기권	zeng.gi.guon	定期车票	增给过恩
일일승차권	yi.lir.seng.ca.guon	一日乘车券	以哩儿僧擦过恩
목적지	mok.zaok.ji	目的地	某克遭克基
방송	bang.song	广播	帮松
모니터	mo.ni.tao	显示器	某尼淘
버튼	bao.ten	下车按钮	包特恩
일방통행	yir.bang.tong.heing	单向通行	以儿帮通恨
양방통행	yang.bang.tong.heing	双向通行	洋帮通恨
안전	an.zaon	安全	安曹恩
운전	wun.zaon	行驶	问曹恩

❶ 乘公交

语序法学口语

01 坐错公交车了。

버스를 잘못 탔습니다.

语序 公交车 　错 　坐了
拼音 bao.si.ler.zar.mot.tat.sim.ni.da
谐音 包斯了 嚓儿某 塔斯木尼达

02 坐错车了，在车站下车乘6路吧。

잘못 탔습니다. 정류장 내려서 6번버스 타십시오.

语序 　错 　坐了 　车站 　下车 　6路车 　乘坐
拼音 zar.mot.tat.sim.ni.da. zeng.niu.zang.nei.liao.sao.yuk.baon.bao.si.ta.xip.xi.o
谐音 嚓儿某 塔斯木尼达。增拗赃 乃聊扫 优报恩包斯 塔系普系哦

03 我坐错公交车了，不知道自己现在在哪里。

버스를 잘못 타서 길을 잃었다.

语序 公交车 　错 坐了 　路 　丢了
拼音 bao.si.ler.zar.mot.ta.sao.gi.ler.yi.laot.da
谐音 包斯了 擦儿某 塔扫 给了 以唠哒

04 我想走近路，结果迷路了。

저는 지름길로 가려고 하다가 길을 잃었어요.

语序 我 　捷径 　　想走 　　路 　　丢了
拼音 zao.nen.ji.lem.gir.lo.ga.liao.go.ha.da.ga.gi.le.yi.lao.sao.yo
谐音 曹嫩 基了木给儿喽 卡聊够 哈哒嘎 给了以唠扫哟

Chapter 5 交通韩语

05 不好意思，我坐错车了，让我下车吧。

실례합니다만, 제가 버스를 잘못 탄 것 같은데

语序: 失礼了　　我　　公交车　　好像坐错了

내려주시겠어요?

让下车吧

拼音: xir.lei.ham.ni.da.man.zei.ga.bao.si.ler.zar.mot.tan.gaot.ga.ten.dei.nei.liao.zu.xi gei. sao.yo

谐音: 系儿来哈木尼达慢，才嘎 包斯了 嚓儿某 贪 高 嘎特恩 带 乃聊组该扫哟

06 在下一站下车，然后打出租车去吧。

다음 정류장에 내려서 택시를 타고 가세요.

语序: 下一站　　下车　　出租车　搭乘　走吧

拼音: da.em.zeng.niu.zang.ei.nei.liao.sao.teik.xi.ler.ta.go.ga.sei.yo

谐音: 塔厄木 增拗赃艾 乃聊扫 太克系了 塔够 卡塞哟

07 坐错车的时候，问一下司机。

버스를 잘못 탈 때 기사님에게 물어보세요.

语序: 公交　　坐错的时候　司机　　　请问

拼音: bao.si.ler.zar.mot.tar.dei.gi.sa.ni.mei.gei.mu.lao.bo.sei.yo

谐音: 包斯了 嚓儿某 塔儿 带 给萨尼美给 木唠波塞哟

08 在下一站下车，换别的公交车。

기차에서 내린 다음 다시 차를 갈아타세요.

语序: 　　下车后　　再次　车　换乘吧

拼音: gi.ca.ei.sao.nei.lin.da.em.da.xi.ca.ler.ga.la.ta.sei.yo

谐音: 给擦矮扫 乃林 塔厄姆 塔系 擦了 卡拉塔塞哟

❶ 乘公交

09 过了30分钟才意识到自己坐错车了。

30분 지나서 차를 잘못 타는 걸 알았어요.

| 语序 | 30分钟 | 过了 | 车 | 坐错了 | 意识到 |

拼音 sam.xip.bun.ji.na.sao.ca.ler.zar.mot.ta.nen.ger.a.la.sao.yo

谐音 萨姆系本 基那扫 擦了 嚓儿某 塔嫩 高儿 啊啦扫哟

10 我也不知不觉坐错车了。

저도 모르게 차 잘못 탔어요.

语序 我也不知不觉　车　坐错了

拼音 zao.do.mo.le.gei.ca.zar.mot.ta.sao.yo

谐音 曹都 某了该 擦 咋儿某 塔扫哟

Chapter 5 交通韩语

2 搭地铁

询问路线

韩语	拼音	汉语	谐音
기차역	gi.ca.yaok	火车站	给擦要克
알려주다	ar.liao.zu.da	告诉	啊聊组哒
신호등	xin.ho.deng	信号灯	新后等
좌회전	zua.hui.zaon	左转	组啊准造恩
우회전	wu.hui.zaon	右转	屋准造恩
지하철	ji.ha.caor	地铁	基哈曹儿
걸리다	gaor.li.da	花费	高儿哩哒
호선	ho.saon	号线	后扫恩
출구	cur.gu	出口	粗儿谷
입구	yip.gu	入口	以普谷
나가다	na.ga.da	出去	那卡哒
신도림	xin.do.lim	新道林	新都哩木
중앙공원	zong.ang.gong.won	中央公园	宗昂公沃恩
도서관	do.sao.guan	图书馆	都扫关
정도	zeng.do	约	增都
번째	baon.zei	第	报恩在

❷ 搭地铁

语序法学口语

01 能告诉我怎么去火车站吗？

기차역으로 어떻게 가는지 알려주실 수 있나요 ?

语序　　火车站　　怎么　　去　　　能告诉我吗

拼音　gi.ca.yao.ge.lo.ao.dao.kei.ga.nen.ji.ar.liaor.zu.xir.su.yin.na.yo

谐音　给擦要格喽 袄到开 卡嫩基 啊聊组系儿 苏 因那哟

02 经过两个信号灯后左转。

신호등 두 개를 지나서 좌회전 하세요.

语序　信号灯　　两个　　经过　　请左转

拼音　xi.no.deng.du.gei.ler.ji.na.so.zua.hui.zaon.ha.sei.yo

谐音　系耨等 度 该了 基那扫 组啊淮造恩 哈塞哟

03 坐地铁要多久？

지하철로 얼마나 걸려요 ?

语序　　地铁　　　花多久

拼音　ji.ha.caor.lo.aor.ma.gaor.liao.yo

谐音　基哈曹儿喽 袄儿吗那 高聊哟

04 要坐几号线？

몇 호선을 타야 해요 ?

语序　　几号线　　乘坐

拼音　miao.to.sao.ner.ta.ya.hei.yo

谐音　秒 透扫呢 塔呀 嗨哟

Chapter 5 交通韩语

05 这趟地铁到新道林吗？

이 지하철 신도림까지 가나요 ?

语序 这趟地铁　新道林　　　去

拼音 yi.ji.ha.caor.xin.do.lim.ga.ji.ga.na.yo

谐音 以 基哈曹儿 新都哩木嘎基 卡那哟

06 应该从哪个出口出去？

어느 출구로 나가야 해요 ?

语序 哪个　出口　出去

拼音 ao.ne.cur.gu.lo.na.ga.ya.hei.yo

谐音 袄呢 粗儿谷喽 那卡呀 嗨哟

07 这是去中央公园的地铁吗？

이거 중앙공원으로 가는 지하철 맞나요 ?

语序 这　中央公园　去　地铁　对吗

拼音 yi.gao.zung.ang.gong.wo.ne.lo.ga.nen.ji.ha.caor.man.na.yo

谐音 以高 宗昂公沃呢喽 卡嫩 基哈曹儿 慢那哟

08 是的，在第5站。

네, 다섯 번째 역입니다.

语序 是的　第5　站　是

拼音 ne.da.saot.baon.zei.yao.gim.ni.da

谐音 乃，塔扫特 报恩在 要给木尼达

❷ 搭地铁

09 去图书馆要多久?

도서관까지 가는데 얼마나 걸리죠?

语序: 图书馆 / 去 / 花多久

拼音: do.sao.guan.ga.ji.ga.nen.dei.aor.ma.na.gaor.li.jio

谐音: 都扫关嘎基 卡嫩带 袄儿吗那 高儿哩就

10 大概 40 分钟。

40분 정도요.

语序: 40 分钟 / 大概

拼音: sa.xip.bun.zeng.do.yo

谐音: 萨系本 增都哟

Chapter 5 交通韩语

如何换乘

韩语	拼音	汉语	谐音
갈아타다	ga.la.ta.da	换乘	卡拉塔哒
다음	da.em	下一个	塔厄姆
역	yaok	站	要克
환승	huan.seng	换乘	换僧
직행	ji.keing	直行	基看
열차	yaor.ca	列车	邀儿擦
어떻게	ao.dao.kei	怎么办	袄到开
내리다	nei.li.da	下车	乃哩哒
종점	zong.zaom	终点站	宗遭木
내리다	nei.li.da	下车	乃哩哒
기다리다	gi.da.li.da	等待	给哒哩哒
간격	gan.giaok	间隔	看格要克
씩	xik	每	系克
2 호선	yi.ho.saon	2 号线	以后扫恩
거기	gao.gi	那里	高给
여기	yao.gi	这里	要给

❷ 搭地铁

语序法学口语

01 在哪里换乘呢？

어디서 갈아타면 되나요 ?

语序 在哪里　　　可以换乘
拼音 ao.di.sao.ga.la.ta.miao.dui.na.yo
谐音 袄滴扫 卡拉塔苗恩 对那哟

02 在下一站换乘2号线。

다음 역에서 2 호선으로 갈아타야 해요 .

语序 在下一站　　2号线　　　　换乘
拼音 da.em.yao.gei.sao.yi.ho.sao.ne.lo.ga.la.ta.ya.hei.yo
谐音 塔厄姆 要改扫 以后扫呢喽 卡拉塔呀 嗨哟

03 在那里换乘2号线。

거기서 2 호선으로 환승하면 돼요 .

语序 那里　　　2号线　　　换乘就行了
拼音 gao.gi.sao.yi.ho.sao.ne.lo.huan.seng.ha.miaon.dui.yo
谐音 高给扫 以后扫呢喽 换僧哈苗恩 对哟

04 没有直达车吗？

직행 열차가 없어요 ?

语序 直达列车　　没有
拼音 ji.keing.yaor.ca.ga.aop.sao.yo
谐音 基憨 邀儿擦嘎 袄普扫哟

Chapter 5　交通韩语

05　我应该怎么换乘？

제가 어떻게 환승해야 돼요？

语序　我　怎样　换乘　应该

拼音　zei.ga.ao.dao.kei.huan.seng.hei.ya.dui.yo

谐音　才嘎 袄到开 换僧嗨呀 对哟

06　两站后下车就可以了。

2개 역을 지나서 내리시면 돼요.

语序　2站　经过　下车

拼音　du.gei.yao.ger.ji.na.sao.nei.li.xi.miaon.dui.yo

谐音　度该 要格儿 基那扫 乃哩系苗恩 对哟

07　换乘2号线后坐到终点站。

2호선을 갈아타시고 종점까지 타시면 돼요.

语序　2号线　换乘　直到终点站　乘坐就行了

拼音　yi.ho.sao.ner.ga.la.ta.xi.go.zong.zaom.ga.ji.ta.xi.miaon.dui.yo

谐音　以后扫呢 卡拉塔系够 宗遭木嘎基 塔系苗恩 对哟

08　我们在这儿等。

우리 여기서 기다려요.

语序　我们　这里　等待

拼音　wu.li.yao.gi.sao.gi.da.liao.yo

谐音　舞丽 要给扫 给哒聊哟

❷ 搭地铁

09 每隔5分钟来一班车。

<u>5 분의</u> <u>간격으로</u> <u>와요</u>.

语序: 5分钟　间隔　来

拼音: o.bu.nei.gan.giao.ge.lo.wa.yo

谐音: 哦不乃 看格要格喽 哇哟

10 列车每隔多久来一趟？

<u>열차</u> <u>몇 분에</u> <u>한 번씩</u> <u>오나요</u>?

语序: 列车　多久　一次　来

拼音: yaor.ca.miaot.bu.nei.han.baon.xik.o.na.yo

谐音: 邀儿擦 秒 不乃 憨 报恩系克 哦那哟

Chapter 5 交通韩语

 坐错地铁

韩语	拼音	汉语	谐音
지금	ji.gem	现在	基格木
알려주다	ar.liao.zu.da	告诉	啊儿聊组哒
길	gir	路	给儿
따라가다	da.la.ga.da	顺着	哒拉卡哒
지하철	ji.ha.caor	地铁	基哈曹儿
방향	bang.hiang	方向	帮喝样
틀리다	ter.li.da	错误	特哩哒
신천	xin.ceon	新村	新册恩
갈아타다	ga.la.ta.da	换乘	卡拉塔哒
반대	ban.dei	相反	盘带
아무래도	a.mu.lei.do	不管怎样	啊木来都
남쪽	nam.zok	南边	那木奏克
이쪽	yi.zok	这边	以奏克
어디	ao.di	哪里	袄滴
타다	ta.da	上车	塔哒
버스	bao.si	公共汽车	包斯

语序法学口语

01 能告诉我，我现在在哪吗？

제가 지금 어디에 있는지 알려주실 수 있어요?

语序: 我 / 现在 / 在哪里 / 能告诉我吗
拼音: zei.ga.ji.gem.ao.di.ei.yin.nen.ji.ar.liao.zu.xir.su.yi.sao.yo
谐音: 才嘎 基格木 袄滴艾 因嫩基 啊聊组系儿 苏 以扫哟

02 请沿着这条路走。

이 길을 따라가세요.

语序: 这条路 / 沿着
拼音: yi.gi.ler.da.la.ga.sei.yo
谐音: 以 格了 哒拉卡塞哟

03 我们现在在哪儿？

우리 지금 어디예요?

语序: 我们 / 现在 / 哪里
拼音: wu.li.ji.gem.ao.di.ye.yo
谐音: 舞丽 基格木 袄滴耶哟

04 方向错了。

방향이 틀렸어요.

语序: 方向 / 错了
拼音: bang.hiang.yi.ter.liao.sao.yo
谐音: 帮喝样以 特聊扫哟

Chapter 5　交通韩语

05 这是1号线。请在下一站换乘2号线。

이 지하철은 1호선이에요. 다음 역에서 지하철

语序：这趟地铁　1号线　是　下一站　地铁

2호선 갈아타세요.

语序：2号线　换乘

拼音：yi.ji.ha.cao.len.yi.lo.sao.ni.ei.yo.da.em.yao.gei.sao.ji.ha.caor.yi.ho.saon.ga.la.ta.sei.yo

谐音：以 基哈曹了恩 以喽扫尼矮哟。塔厄姆 要给扫 基哈曹儿 以后扫恩 卡拉塔塞哟

06 应该坐反方向的列车。

반대 방향으로 타셔야 돼요.

语序：相反　方向　必须乘坐

拼音：ban.dei.bang.hiang.e.lo.ta.xiao.ya.dui.yo

谐音：盘带 帮喝样厄喽 塔肖呀 对哟

07 不管怎样，你好像坐错车了。

아무래도 잘못 타신 것 같아요.

语序：不管怎样　错　可能乘坐

拼音：a.mu.lei.do.zar.mot.ta.xin.gaot.ga.ta.yo

谐音：啊木来都 擦儿某 塔新 高 嘎塔哟

❷ 搭地铁

08 怎么去那里?

거기에 어떻게 가요 ?

语序　那里　怎么　去
拼音　gao.gi.ei.ao.dao.kei.ga.yo
谐音　高给艾 袄到开 卡哟

09 哪条路是南边?

어느 길이 남쪽이죠 ?

语序　哪一条　路　　南边
拼音　ao.ne.gi.li.nam.zo.gi.jio
谐音　袄呢 给哩 那木奏给就

10 不是要坐车去吗?

버스 타고 가야 하는 건 아니에요 ?

语序　　　　应该坐车去　　　　不是
拼音　bao.si.ta.go.ga.ya.ha.nen.gaon.a.ni.ei.yo
谐音　包斯 塔够 卡呀 哈嫩 高恩 啊尼诶哟

Chapter 5 交通韩语

3 坐出租

 打车

韩语	拼音	汉语	谐音
택시	teik.xi	出租车	太克系
돌다	dor.da	绕远路	都儿哒
지름길	ji.lem.gir	近路	基了木给儿
막히다	ma.ki.da	堵车	吗尅哒
러시아워	lao.xi.a.wo	高峰时间	唠系啊沃
피크	pi.ke	顶点	皮克
거리	gao.li	距离	高哩
고속도로	go.sok.do.lo	高速公路	够搜克都喽
트렁크	te.leng.ke	后备厢	特楞克
가방	ga.bang	行李箱	卡帮
안전벨트	an.zaon.ber.te	安全带	安造恩拜儿特
주차장	zu.ca.zang	停车场	组擦赃
줍다	zup.da	捡	组普哒
열리다	yaor.li.da	打开	要儿哩哒
타다	ta.da	上车	塔哒
내리다	nei.li.da	下车	乃哩哒

❸ 坐出租

01 在哪儿能打到车？

어디서 택시 탈 수 있어요?

语序 在哪里 出租车 打得到呢
拼音 ao.di.sao.teik.xi.tar.su.yi.sao.yo
谐音 袄滴扫 太克系 塔儿 苏 以扫哟

02 麻烦载我去仁川机场。

인천공항까지 부탁합니다.

语序 到仁川机场 拜托
拼音 yin.caon.gong.hang.ga.ji.bu.ta.kam.ni.da
谐音 因曹恩公航嘎基 不塔卡木尼达

03 请上车。

올라 타세요.

语序 请乘坐
拼音 or.la.ta.sei.yo
谐音 哦拉 塔塞哟

04 要开空调吗？

에어컨 열릴까요?

语序 空调 开吗
拼音 ei.ao.kaon.yaor.lir.ga.yo
谐音 艾袄考恩 要哩儿嘎哟

243

Chapter 5　交通韩语

05　请系好安全带。

안전벨트 쓰세요.

- 语序：安全带　请使用
- 拼音：an.zaon.ber.te.sì.sei.yo
- 谐音：安曹恩拜儿特 斯塞哟

06　把行李装到后备厢里吧。

짐을 트렁크에 놓으세요.

- 语序：行李　后备厢　放入吧
- 拼音：ji.mer.te.leng.ke.ei.no.e.sei.yo
- 谐音：基么儿 特楞克艾 耨厄塞哟

07　堵车很厉害。

차 많이 막힙니다.

- 语序：车　很　堵
- 拼音：ca.ma.ni.ma.kim.ni.da
- 谐音：擦 吗尼 吗尅木尼哒

08　现在是乘车高峰时间，可能会花多一点儿时间。

지금 승차 러서아워여서 시간 좀 많이 걸릴 겁니다.

- 语序：现在　乘车高峰时间　因为是　时间　多一点儿　将花费
- 拼音：ji.gem.seng.ca.lao.xi.a.wo.yao.sao.xi.gan.zom.ma.ni.gaor.lir.gaom.ni.da
- 谐音：基格木 僧擦 唠系啊沃要扫 系杆 奏木 吗尼 高哩儿 高木尼达

❸ 坐出租

09 可以稍微绕点儿远路吗?

좀 돌아와도 될까요 ?

- 语序: 稍微　绕远路　可以吗
- 拼音: zom.do.la.wa.do.duir. ga.yo
- 谐音: 奏木 都拉哇都 对儿嘎哟

10 我想去这个地方。

여기까지 부탁합니다 .

- 语序: 到这里　拜托
- 拼音: yao.gi.ga.ji.bu.ta.kam.ni.da
- 谐音: 要给嘎基 不塔卡木尼达

Chapter 5 交通韩语

行车路线

韩语	拼音	汉语	谐音
노선	no.saon	路线	耨扫恩
길	gir	道路	给儿
가이드	ga.yi.de	向导	卡以得
네비게이션	nei.bi.gei.yi.xiaon	汽车导航	乃比开以肖恩

韩语	拼音	汉语	谐音
상	sang	上	桑
하	ha	下	哈
좌	zua	左	组啊
우	wu	右	屋

韩语	拼音	汉语	谐音
회전	hui.zaon	拐弯	淮造恩
곧다	got.da	直	够哒
후면	hu.miaon	后面	户苗恩
전면	zaon.miaon	前面	曹恩苗恩

韩语	拼音	汉语	谐音
코너	ko.nao	拐角	扣闹
구석	gu.saok	角落	谷扫克
사거리	sa.gao.li	十字路口	萨高哩
끝	get	尽头	格

❸ 坐出租

语序法学口语

01 一直往前开。

곧바로 가면 돼요.
语序　一直　走的话　可以
拼音　got.ba.lo.ga.miaon.dui.yo
谐音　够吧喽 卡苗恩 对哟

02 在路的尽头处停车。

길 끝에 세워주세요.
语序　路　尽头　　请停
拼音　gir.ge.tei.sei.wo.zu.sei.yo
谐音　给儿 格太 塞沃组塞哟

03 向右拐。

우회전 하세요.
语序　右转　请
拼音　wu.hui.zaon.ha.sei.yo
谐音　屋淮造恩 哈塞哟

04 再往前开一点儿。

앞으로 좀 더 가세요.
语序　往前　再一点　请走
拼音　a.pu.lo.zom.dao.ga.sei.yo
谐音　啊普喽 奏木 淘 卡塞哟

Chapter 5 交通韩语

05 我觉得这条路更快一些。

이 길 더 빠르다고 생각합니다.

语序: 这条路 更快 认为
拼音: yi.gir.dao.ba.le.da.go.seng.ga.kam.ni.da
谐音: 以给儿 淘 吧了搭够 森嘎哈木尼达

06 目的地已经设置好了。

목적지 셋팅됐습니다.

语序: 目的地 设置了
拼音: mok.zaok.ji.sei.ting.duit.sim.ni.da
谐音: 某克遭克基 塞听对斯木尼达

07 在前面的拐角处转弯,马上就到了。

앞에 코너에 회전하면 바로 도착합니다.

语序: 前面的 拐角处 拐的话 就 到了
拼音: a.pei.ko.nao.ei.hui.zaon.ha.miaon.ba.lo.do.ca.kam.ni.da
谐音: 啊呸 扣闹哎 淮遭那苗恩 帕喽 都擦卡木尼达

08 有没有近路?

지름길 있어요?

语序: 近路 有吗
拼音: ji.lem.gir.yi.sao.yo
谐音: 基了木给儿 以扫哟

❸ 坐出租

09 请在前面的红绿灯那里停车。

앞에 신호등 근처에 세워주세요.

语序: 前面的　　红绿灯处　　请停
拼音: a.pei.xi.no.deng.gen.cao.ei.sei.wo.zu.sei.yo
谐音: 啊排 系耨等 跟曹艾 塞沃组塞哟

10 到了，请下车吧。

도착했습니다, 내리십시오.

语序: 到了　　　　请下车
拼音: do.ca. keit.sim.ni.da. nei.li.xip.xi.o
谐音: 都擦开斯木尼达。乃哩系普系哦

Chapter 5　交通韩语

 计价收费

韩语	拼音	汉语	谐音
요금	yo.gem	价钱	哟格木
운송비	wun.song.bi	运费	温松比
무료	mu.lio	免费	木聊
유료	you.lio	付费	优聊
운전자	wun.zaon.za	司机	问曹恩咋
기사	gi.sa	司机	给萨
승객	seng.geik	乘客	僧给克
빈차	bin.ca	空车	宾擦
카운터	ka.wun.tao	计价器	卡问淘
영수증	ying.su.zeng	小票	英苏增
역	yaok	站	要克
휘발유	hui.ba.liu	汽油	会把溜
금액	gem.eik	金额	格买克
지불	ji.bur	支付	基不儿
거스름돈	gao.si.lem.don	零钱	考斯了木都恩
잔돈	zan.don	零钱	赞都恩

❸ 坐出租

01 运费共 3000 元。

운송비는 3000 원입니다.

语序: 运费 | 3000元 | 是
拼音: wun.song.bi.nen.sam.caon.won.yim.ni.da
谐音: 问松比嫩 萨姆曹诺尼木尼达

02 多少钱?

요금 얼마입니까?

语序: 价钱 | 多少钱
拼音: yo.gem.aor.ma.yim.ni.ga
谐音: 哟格木 袄儿吗一木尼嘎

03 共 2100 元。

2100 원입니다.

语序: 2100元 | 是
拼音: yi.caon.bei.guo.nim.ni.da
谐音: 以曹呗过尼木尼达

04 找您 500 元。

500 원 거스름돈 여기 있습니다.

语序: 500元 | 零钱 | 这里 | 是
拼音: o.bei.guon.gao.si.lem.don.yao.gi.yit.sim.ni.da
谐音: 哦拜过恩 考斯了木都恩 要给 一斯木尼达

Chapter 5 交通韩语

05 这是您的发票。

이게 영수증입니다.

语序: 这个 收据 是
拼音: yi.gei.ying.su.zeng.yim.ni.da
谐音: 以给 英苏增一木尼达

06 下车的时候请小心。

차 내릴 때는 조심하세요.

语序: 车 下的时候 请小心
拼音: ca.nei.lir.dei.nen.zo.xi.ma.sei.yo
谐音: 擦 乃哩儿 得嫩 奏系吗塞哟

07 请注意脚下。

발 밑에 조심하세요.

语序: 脚下 请注意
拼音: bar.mi.tei.zo.xi.ma.sei.yo
谐音: 吧儿 米太 奏系吗塞哟

08 感谢您的搭乘。

승차 감사합니다.

语序: 搭乘 谢谢
拼音: seng.ca.gam.sa.ham.ni.da
谐音: 僧擦 卡木萨哈木尼达

❸ 坐出租

09 计时器上显示的价格是 4500 元。

카운터에 나오는 금액은 4500 원입니다.

语序: 计时器上 | 显示的 | 金额 | 4500元 | 是
拼音: ka.wun.tao.ei.na.o.nen.ge.mei.gen.sa.caon.o.bei.guo.nim.ni.da
谐音: 卡问淘艾 那哦嫩 格买跟 萨曹恩哦拜过尼木尼达

10 前面 3 公里以内是 3000 元。

앞에 3KM 는 3000 원입니다.

语序: 前面 | 3公里 | 3000元 | 是
拼音: a.pei.sam.ki.lo.mitae nen.sam.caon.won.yim.ni.da
谐音: 啊排 萨姆尅喽米淘嫩 萨姆曹诺尼木尼达

11 之后每 300 米加收 1000 元。

뒤에는 300 미터에 1000 원입니다.

语序: 之后 | 每300米 | 1000元 | 是
拼音: dui.ei.nen.sam.beik.mi.tao.ei.cao.nuo.nim.ni.da
谐音: 对艾嫩 萨姆拜克 米淘艾 曹诺尼木尼

253

Chapter 6

应急韩语

❶ 在银行
❷ 在邮局
❸ 在医院
❹ 在警局

Chapter 6 应急韩语

1 在银行

开户注销

韩语	拼音	汉语	谐音
계좌	gei.zua	账户	该组啊
통장	tong.zang	存折	通赃
개설하다	gei.saor.la.da	开设	该扫拉哒
말소하다	mar.so.ha.da	抹掉	吗儿搜哈哒
비밀번호	bi.mir.bao.no	密码	比密儿包耨
정기예금	zeng.gi.ye.gem	定期存款	增给耶格木
보통예금	bo.tong.ye.gem	活期存款	波通耶格木
당좌계좌	dang.zua.gei.zua	活期账户	当组啊该组啊
도장	do.zang	印章	都脏
주민등록증	zu.min.deng.nok.zeng	身份证	组民等耨克增
신용카드	xin.yong.ka.de	信用卡	新用卡得
직불카드	jik.bur.ka.de	借记卡	基克部儿卡得
여권	yao.guon	护照	要过恩
확인하다	hua.gi.na.da	确认	话给拿哒
대기표	dei.gi.pao	号码牌	得给票
카운터	ka.wun.tao	窗口	卡问淘

① 在银行

01 我想开个银行账户。

계좌를 개설하려고 합니다.

| 语序 | 账户 | 开设 | 想 |

拼音 gei.zua.ler.gei.sao.la.liao.go.ham.ni.da

谐音 该组啊了 该扫拉聊够 哈木尼达

02 您想开个什么类型的账户?

어떤 종류의 계좌를 개설하고 싶습니까?

| 语序 | 什么 | 种类的 | 账户 | 开设 | 想要 |

拼音 ao.daon.zong.nio.ei.gei.zua.ler.gei.sao.la.go.xip.sim.ni.ga

谐音 袄道恩 宗拗艾 该组啊了 该扫拉够 系普斯木尼嘎

03 我想办个活期账户。

당좌 계좌를 개설하려고 합니다.

| 语序 | 活期存款 | 开设 | 想要 |

拼音 dang.zua.gei.zua.ler.gei.sao.la.liao.go.ham.ni.da

谐音 当组啊 该组啊了 该扫拉聊够 哈木尼达

04 今天您要存多少钱?

오늘 얼마를 예금하실 건가요?

| 语序 | 今天 | 多少 | 存款呢 |

拼音 o.ner.aor.ma.ler.ye.ge.ma.xir.gaon.ga.yo

谐音 哦呢 袄儿吗了 耶格马系儿 高恩嘎哟

257

Chapter 6　应急韩语

05　活期账户有利息吗?

당좌계좌에 이자가 붙습니까?

语序　活期账户　利率　有吗

拼音　dang.zua.gei.zua.ei.yi.za.ga.but.sim.ni.ga

谐音　当组啊该组啊哎 以咋嘎 不斯木尼嘎

06　活期账户的利息是多少?

당좌계좌의 이자는 얼마입니까?

语序　活期账户的　利息　多少　是

拼音　dang.zua.gei.zua.ei.yi.za.nen.aor.ma.yim.ni.ga

谐音　当组啊该组啊哎 以咋嫩 袄儿吗一木尼嘎

07　请帮我把这些钱存进账户。

이돈을 내 계좌에 넣어 주세요.

语序　这钱　我的账户　存入　请给

拼音　yi.do.ner.nei.gei.zua.ei.nao.ao.zu.sei.yo

谐音　以都呢 乃 该组啊哎 闹袄 组塞哟

08　请输入密码。

비밀번호를 입력해 주세요.

语序　密码输入　输入　请给

拼音　bi.mir.bao.no.ler.yim.niao.kei.zu.sei.yo

谐音　比密儿包耨了 一木鸟开 组塞哟

❶ 在银行

09 请在这里盖章。

여기에다 도장을 좀 찍어주세요.

语序: 在这里　印章　　　请给盖

拼音: yao.gi.ei.da.do.zang.er.zom.ji.gao.zu.sei.yo

谐音: 要给艾搭 都脏尔 奏木 基高组塞哟

10 请填上姓名、地址和密码。

이름하고, 주소, 그리고 비밀번호를 적어주십시오.

语序: 姓名和　地址　以及　密码　　请填写

拼音: yi.le.ma.go.zu.so.ge.li.go.bi.mir.bao.no.ler.zao.gao.zu.xip.xi.o

谐音: 以了吗够, 组搜, 格哩够 比密儿包耨了 遭高组系普哦

Chapter 6 应急韩语

 ## 兑换外币

韩语	拼音	汉语	谐音
바꾸다	ba.gu.da	兑换	帕谷哒
환율	huan.yur	汇率	话拗儿
외환	wai.huan	外汇	外换
인플레이션	in.pur.lei.yi.xiaon	通货膨胀	因普来以肖恩
디플레이션	di.pur.lei.yi.xiaon	通货紧缩	滴普来以肖恩
파운드	pa.wun.de	英镑	帕问得
유로화	yu.lo.hua	欧元	优喽话
루블	lu.bur	卢布	路不儿
오즈트랄리아 달러	o.si.te.la.li.a.ta.lao	澳元	哦斯特拉里啊 塔捞
인민폐	in.min.pei	人民币	因民派
엔화	en.hua	日元	安话
원화	won.hua	韩元	沃恩话
홍콩달러	hong.kong.dar.lao	港币	红空哒儿唠
달러	dar.lao	美元	哒儿唠
크로네	ke.lo.nei	克朗	克喽乃
페소	pei.so	比索	派搜

❶ 在银行

语序法学口语

01 您能告诉我在什么地方可以换外汇吗?

어디에서 환전할 수 있는지 알려주실 수 있어요?

语序: 在哪里　可以换钱　可以告诉我吗

拼音: ao.di.ei.sao.huan.zao.nar.su.yin.nen.ji.ar.liao.zu.xir.su.yi.sao.yo

谐音: 袄滴艾扫 换遭哪儿 苏 因嫩基 啊聊组系儿 苏 以扫哟

02 您好，我想换外汇。

안녕하세요. 환전하고 싶은데요.

语序: 你好　换外汇　想

拼音: an.niaong.ha.sei.yo. huan.zao.na.go.xi.pen.dei.yo

谐音: 安酿哈塞哟。换遭那够 系喷带哟

03 我想把这些美元换成韩元。

달러를 한원으로 바꾸려고 왔습니다.

语序: 美元　韩元　想换　来了

拼音: dar.dao.ler.han.wo.ne.lo.ba.gu.liao.go.wat.sim.ni.da

谐音: 哒儿唠了 憨沃呢喽 帕谷聊够 哇斯木尼达

04 请将这些钱换成韩元。

이것들을 한원으로 바꿔주세요.

语序: 将这些　韩元　请给我换

拼音: yi.gaot.de.ler.han.wo.ne.lo.ba.guo.zu.sei.yo

谐音: 以高得了 憨沃呢喽 帕锅组塞哟

Chapter 6 应急韩语

05 大厅里面有汇率牌价。

홀 안에 환율간판이 있습니다.

语序 大厅里　汇率牌价　有
拼音 ho.la.nei.hua.nur.gan.pa.ni.yit.sim.ni.da
谐音 后 啦乃 话拗儿敢帕尼 一斯木尼达

06 今天的汇率是多少?

오늘은 환율이 얼마입니까?

语序 今天　汇率　是多少
拼音 o.ne.len.huan.yu.li.aor.ma.yim.ni.ga
谐音 哦呢了恩 话拗哩 袄儿吗一木尼嘎

07 是 1:180。

1 대 180 입니다.

语序 1 对 180　是
拼音 yir.dei.beik.par.xi.bim.ni.da
谐音 以儿带 摆帕儿系比木尼达

08 国际支票在一周之后才能兑换为现金。

국제수표는 일주일후에야 현금으로 교환할 수 있습니다.

语序 国际支票　一周之后　现金　可以兑换
拼音 guk.zei.su.pio.nen.yir.zu.yir.hu.ei.ya.hian.ge.me.lo.giao.huan.har.su.yit.sim.ni.da
谐音 谷克在苏票嫩 以儿组以路艾呀 喝要恩格么喽 格一哦换哈儿 苏 以斯木尼达

❶ 在银行

09 汇率是一美元兑 1000 元。

환율은 1 달러에 1000 원입니다.

语序 汇率　　　1 美元 1000 元　　是

拼音 huan.yu.len.won.dar.lao.ei.cao.nuo.nim.ni.da

谐音 话拗了恩 沃恩哒儿唠艾 曹诺尼木尼哒

10 手续费是 1000 元。

수수료는 1000 원입니다.

语序 手续费　　1000 元　　是

拼音 su.su.lio.nen.cao.nuo.nim.ni.da

谐音 苏苏聊嫩 曹诺尼木尼达

Chapter 6 应急韩语

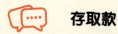 **存取款**

韩语	拼音	汉语	谐音
예금	ye.gem	存款	耶格木
인출	yin.cur	取款	因粗儿
영업	ying.aop	营业	英袄普
평소	ping.so	平时	乒搜
주말	zu.mar	周末	组马儿
자동인출기	za.dong.yin.cur.gi	ATM机	咋东因粗儿给
금액	ge.meik	金额	格买克
잔금	zan.gem	余额	赞格木
화면	hua.miaon	画面	话苗恩
표시	pio.xi	表示	票系
민감하다	min.ga.ma.da	灵敏	民嘎吗哒
반응하다	ba.neng.ha.da	反应	帕能哈哒
접수하다	zaop.su.ha.da	接受	曹普苏哈哒
취소하다	qu.so.ha.da	取消	去搜哈哒
삽입구	sa.bip.gu	插入口	萨比普谷
수수료	su.su.lio	手续费	苏苏聊

❶ 在银行

01 要存多少钱?

얼마나 예금하고 싶어요?

- 语序: 多少　存款　想要
- 拼音: aor.ma.na.ye.ge.ma.go.xi.pao.yo
- 谐音: 袄儿吗那 耶格马够 系跑哟

02 利息很低啊。

이자가 낮네요.

- 语序: 利息　低
- 拼音: yi.za.ga.nan.nei.yo
- 谐音: 以咋嘎 南乃哟

03 请输入密码。

비밀번호를 입력해 주세요.

- 语序: 密码　输入　请
- 拼音: bi.mir.bao.no.ler.yim.niao.kei.zu.sei.yo
- 谐音: 比米儿包耨了 以木鸟开 组塞哟

04 取 5 万元。

5만원을 찾겠어요.

- 语序: 5万元　取
- 拼音: o.ma.nuo.ner.cat.gei.sao.yo
- 谐音: 哦吗诺呢 擦给扫哟

Chapter 6 应急韩语

05 我想存钱。

예금을 하려고 하는데요.

语序 存款　　　想要

拼音 ye.ge.mer.ha.liao.go.ha.nen.dei.yo

谐音 耶格么 哈聊够 哈嫩带哟

06 现在可以取钱吗?

지금도 돈을 찾을 수 있어요?

语序 现在　钱　　可以取吗

拼音 ji.gem.do.do.ner.ca.zir.su.yi.sao.yo

谐音 基格木都 都呢 擦滋儿 苏 以扫哟

07 请使用 ATM 机。

자동인출기를 사용하세요.

语序 ATM 机　　　请使用

拼音 za.dong.yin.cur.gi.ler.sa.yong.ha.sei.yo

谐音 咋东因粗儿给了 萨用哈塞哟

08 请给我存活期。

보통 예금으로 해주세요.

语序 活期存款　　　请给我

拼音 bo.tong.ye.ge.me.lo.hei.zu.sei.yo

谐音 波通 耶格么喽 嗨组塞哟

❶ 在银行

09 请按下确认键。

확인 부탁드립니다.

语序	确认	拜托
拼音	hua.gin.bu.tak.de.lim.ni.da
谐音	话给恩 不塌克得哩木尼达

10 能教我怎么用 ATM 机吗？

자동인출기의 사용방법을 가르쳐 줄 수 있어요?

语序	ATM 机的	使用方法	可以教我吗
拼音	za.dong.yin.cur.gi.ei.sa.yong.bang.bao.ber.ga.le.qiao.zur.su.yi.sao.yo
谐音	咋东因粗儿给艾 萨用帮包不儿 卡乐敲 组儿 苏 以扫哟

Chapter 6 应急韩语

 汇款转账

韩语	拼音	汉语	谐音
대체하다	dei.cei.ha.da	转账	带才哈哒
송금하다	song.ge.ma.da	汇款	松格马哒
현금	hian.gem	现金	喝要恩格木
카드	ka.de	卡	卡得
계좌 번호	gei.zua.bao.no	账号	该组啊 包耨
본금	bon.gem	本金	波恩格木
이자	yi.za	利息	以咋
연율	yao.niur	年息	要拗儿
월리	wor.li	月息	沃儿哩
만기일	man.gi.yir	到期日	慢给以儿
수표	su.pio	支票	苏票
어음	ao.em	票据	袄厄姆
선불하다	saon.bu.la.da	预付	扫恩不拉哒
연기지불	yaon.gi.ji.bur	延迟支付	要恩给基不儿
매출채권	mei.cur.cai.guon	应收账款	买粗儿才过恩
미불계정	mi.bur.gei.zeng	应付账款	米不儿给增

❶ 在银行

语序法学口语

01 如何汇款？

어떻게 송금합니까?

语序: 怎么样　汇款
拼音: ao.dao.kei.song.ge.mam.ni.ga
谐音: 袄到开 松格马木尼嘎

02 请告诉我对方的账号。

상대방 계좌번호를 알려 주세요.

语序: 对方　账号　请告诉
拼音: sang.dei.bang.gei.zua.bao.no.ler.ar.liao.zu.sei.yo
谐音: 桑带帮 给组啊包耨 了 啊聊 组塞哟

03 这里可以转账吗？

여기서 대체할 수 있어요?

语序: 这里　可以转账吗
拼音: yao.gi.sao.dei.cei.har.su.yit.sao.yo
谐音: 要给扫 带猜哈儿 苏 以扫哟

04 在这里填入汇款金额。

여기서 송금금액 적어주세요.

语序: 这里　汇款金额　请填入
拼音: yao.gi.sao.song.gem.gem.eik.zao.gao.zu.sei.yo
谐音: 要给扫 松格木个买克 遭高组塞哟

269

Chapter 6 应急韩语

05 您带身份证了吗?

주민등록증 가져왔어요?

语序: 身份证 | 带来了吗

拼音: zu.min.deng.nok.zeng.ga.jiao.wa.sao.yo

谐音: 组民等辱克增 卡交哇扫哟

06 需要印章吗?

도장 필요하나요?

语序: 印章 | 需要吗

拼音: do.zang.pi.lio.ha.na.yo

谐音: 都赃 皮聊哈那哟

07 在这里填上对方的账号。

상대방 계좌번호 여기 적어주세요.

语序: 对方 | 账号 | 这里 | 请写

拼音: sang.dei.bang.gei.zua.bao.no.yao.gi.zao.gao.zu.sei.yo

谐音: 桑带帮 该组啊包辱 要给 遭高组塞哟

08 我往对方的账户里汇了100万元。

상대방에게 100만원 송금했습니다.

语序: 向对方 | 100万元 | 汇款

拼音: sang.dei.bang.ei.gei.being.ma.nuon.song.gem.heit.sim.ni.da

谐音: 桑带帮艾该 摆吗诺恩 松格买斯木尼达

① 在银行

09 我想汇款。

송금 부탁합니다.

语序	汇款	拜托
拼音	song.gem.bu.ta.kam.ni.da
谐音	松格木 不塔卡木尼达

10 麻烦确认一下。

확인하세요.

语序	请确认
拼音	hua.gin.ha.sei.yo
谐音	话给那塞哟

Chapter 6 应急韩语

2 在邮局

 寄信

韩语	拼音	汉语	谐音
우체국	wu.cei.guk	邮局	屋才谷克
편지	piaon.ji	书信	票恩基
답장	dap.zang	回信	哒普赃
통	tong	封	通
붙이다	bu.qi.da	粘贴	不器哒
보내다	bo.nei.da	邮送	波乃哒
부치다	bu.qi.da	邮送	不器哒
빠른편지	ba.len.piaon.ji	快件	吧了恩票恩基
봉투	bong.tu	信封	崩图
책상	ceik.sang	书桌	才克桑
우표	wu.pio	邮票	屋票
도착하다	do.ca.ka.da	到达	都擦卡哒
선편	saon.piaon	船运	扫恩票恩
항공편	hang.gong.piaon	空运	航公票恩
창구	cang.gu	窗口	仓谷
요금	yo.gem	费用	哟格木

❷ 在邮局

01 今天没有寄给我的东西吗?

오늘 저한테 뭐 온 것 없어요?

语序 今天　寄给我的东西　没有吗
拼音 o.ner.zao.han.tei.muo.on.gao.aop.sao.yo
谐音 哦呢 曹憨太 磨 哦恩 高 袄普扫哟

02 有两封信。

편지 두 통 왔어요.

语序 信　两封　来了
拼音 piaon.ji.du.tong.wa.sao.yo.
谐音 票恩基 度 通 哇扫哟。

03 谁寄来的呢?

누구한테서 왔을까?

语序 从谁那里　来的
拼音 nu.gu.han.tei.sao.wat.sir.ga
谐音 怒谷憨太扫 哇斯儿嘎

04 想把这封信寄往韩国。

이 편지를 한국에 보내려고 하는데요.

语序 这封信　往韩国　寄　想
拼音 yi.piaon.ji.ler.han.gu.gei.bo.nei.liao.go.ha.nen.dei.yo
谐音 以 票恩基了 憨谷给 波乃聊够 哈嫩带哟

Chapter 6 应急韩语

05 什么时候能寄到韩国？

한국에 언제쯤 도착합니까?

语序: 韩国　什么时候　到达呢

拼音: han.gu.gei.aon.zei.zim.do.ca.kam.ni.ga

谐音: 憨谷给 袄恩在滋木 都擦卡木尼嘎

06 想快寄的话请使用快件。

더 빨리 보내려면 빠른 우편을 이용하십시오.

语序: 更快地　想寄的话　快件　请使用

拼音: dao.bar.li.bo.nei.liao.miaon.ba.len.wu.piao.ner.yi.yong.ha.xip.xi.o

谐音: 淘 吧儿哩 波乃聊苗恩 吧了恩 屋票呢儿 以用哈系普系哦

07 把这个寄往韩国。

이걸 한국에 부치려고 하는데요.

语序: 这个　往韩国　邮寄　想

拼音: yi.ger.han.gu.gei.bu.qi.liao.go.ha.nen.dei.yo

谐音: 以高儿 憨谷该 不器聊够 哈嫩带哟

08 寄平信就可以了。

보통편지도 괜찮아요.

语序: 平信也　没关系

拼音: bo.tong.piaon.ji.do.guan.ca.na.yo

谐音: 波通票恩基都 款擦那哟

274

❷ 在邮局

09 用花钱少的方式寄。

돈이 적게 드는 편으로 보내겠습니다.

| 语序 | 钱 | 少 花的 | 方式 | | 邮寄 |

拼音 do.ni.zaok.gei.de.nen.piao.nei.lo.bo.nei.gei.sim.ni.da

谐音 都尼 遭给 得嫩 票呢喽 波乃给斯木尼达

10 往韩国寄需要贴多少钱的邮票?

한국에 편지 보내려면 얼마짜리 우표를 붙입니까?

| 语序 | 往韩国 | 信 | 寄的话 | 多少钱的 | 邮票 | 贴呢 |

拼音 han.gu.gei.piaon.ji.bo.nei.liao.miaon.aor.ma.za.li.wu.pio.ler.bu.qim.ni.ga

谐音 憨谷给 票恩基 波乃聊 苗恩 袄儿吗咋哩 屋票了 不器木尼嘎

Chapter 6 应急韩语

 寄贺卡明信片

韩语	拼音	汉语	谐音
엽서	yaop.sao	明信片	要普扫
요금	yo.gem	费用	哟格木
보내주다	bo.nei.zu.da	寄出	波乃组哒
보내오다	bo.nei.o.da	寄来	波乃哦哒

봄	bom	春天	波姆
여름	yao.lem	夏天	要了木
가을	ga.er	秋天	卡厄儿
겨울	giao.wur	冬天	格要屋儿

수신인	su.xin.yin	收件人	苏新因
발신인	bar.xin.yin	发件人	巴儿新因
우편번호	wu.piaon.bao.no	邮编	屋票恩包瑙
반송하다	ban.song.ha.da	退回	盘松哈哒

틀리다	ter.li.da	不一样	特儿哩哒
경치	ging.qi	景色	哥英器
시각	xi.gak	视觉	系嘎克
빨리	bar.li	快	吧儿哩

❷ 在邮局

语序法学口语

01 我想往中国邮寄一张明信片。

저는 중국으로 엽서를 부치고 싶어요.

| 语序 | 我 | 往中国 | 明信片 | 寄送 | 想 |

拼音 zao.nen.zung.gu.ge.lo.yaop.sao.ler.bu.qi.go.xi.pao.yo

谐音 曹嫩 宗谷格喽 要普扫了 不器够 系跑哟

02 寄往北京的话需要几天?

북경에 보내면 며칠 걸립니까?

| 语序 | 往北京 | 寄的话 | 多少天 | 花 |

拼音 buk.ging.ei.bo.nei.miaon.miao.qir.gaor.lim.ni.ga

谐音 不哥英艾 波乃苗恩 秒器儿 高儿哩木尼嘎

03 大约要一个月。

약 한 달 정도 걸릴 겁니다.

| 语序 | 大约 | 一个月左右 | 花费 |

拼音 yak.han.dar.zaong.do.gaor.lir.gaom.ni.da

谐音 呀克 憨 搭儿 增都 高儿哩儿 高木尼达

04 要贴多少钱的邮票呢?

얼마짜리의 우표를 붙여야 됩니까?

| 语序 | 多少钱的 | 邮票 | 要贴呢 |

拼音 aor.ma.za.li.ei.wu.pio.ler.bu.qiao.ya.duim.ni.ga

谐音 袄儿吗咋哩艾 屋票了 不敲呀 对木尼嘎

Chapter 6 应急韩语

05 周六可以寄到韩国吗?

토요일까지 한국에 도착할 수 있어요?

语序　　周六截止　　韩国　　　　能到达吗
拼音　to.yo.yir.ga.ji.han.gu.gei.do.ca.kar.su.yi.sao.yo
谐音　透哟以儿嘎基 憨谷给 都擦卡儿 苏 以扫哟

06 收信人的名字和地址写在这下面。

수신인의 이름과 주소는 아래에 쓰세요.

语序　收信人的　　姓名和地址　　在下面　请写
拼音　su.xin.yi.nei.yi.lem.gua.zu.so.nen.a.lei.ei.sì.sei.yo
谐音　苏心一乃 以了木瓜 组搜嫩 啊来艾 斯塞哟

07 将发信人的姓名和地址写在这上面。

발신인의 이름과 주소는 위쪽에 적으세요.

语序　发信人的　　姓名和地址　　在上面　请写
拼音　bar.xin.yi.nei.yi.lem.gua.zu.so.nen.yu.zo.gei.zao.ge.sei.yo
谐音　巴儿心一乃 以了木瓜 组搜嫩 与奏该 遭格塞哟

08 要在这里写上邮编号码。

여기에 우편번호도 써야 합니다.

语序　在这里　邮编号码　　要写上
拼音　yao.gi.ei.wu.piaon.bao.no.do.sao.ya.ham.ni.da
谐音　要给艾 屋票恩包耨都 扫呀 哈木尼达

❷ 在邮局

09 地址写错的话,信会被退回来。

주소가 틀리면 반송됩니다.

语序: 地址 错了的话 送还
拼音: zu.so.ga.ter.li.miaon.ban.song.duim.ni.da
谐音: 组搜嘎 特哩苗恩 盘松对木尼达

10 想要快点寄送的话要怎么办?

빨리 보내려면 어떻게 합니까?

语序: 快点地 寄送的话 如何 做
拼音: bar.li.bo.nei.liao.miaon.ao.dao.kei.ham.ni.ga
谐音: 吧儿哩 波乃聊苗恩 袄到开 哈木尼嘎

Chapter 6 应急韩语

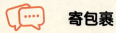 **寄包裹**

韩语	拼音	汉语	谐音
소포	so.po	包裹	搜剖
짐	jim	行李	基姆
무게	mu.gei	重量	木给
배	bei	船	呗
포장하다	po.zang.ha.da	包装	剖赃哈哒
길이	gi.yi	长度	给哩
인쇄품	yin.sui.pum	印刷品	因遂普姆
취급주의	qu.keb.zu.ei	小心轻放	曲个啵租诶
항공편	hang.gong.piaon	航空件	航公票恩
선편	saon.piaon	海运件	扫恩票恩
편도	piaon.do	单程	票恩都
왕복	wang.bok	往返	王不克
습기	sip.gi	潮湿	斯普给
건조	gaon.zo	干燥	高恩奏
썩히다	sao.ki.da	弄坏	扫卡哒
주의하다	zu.yi.ha.da	注意	组以哈哒

❷ 在邮局

语序法学口语

01 我想海运这个邮包。

저는 이 소포를 배로 부치려고 해요.

语序: 我　这个包裹　用船　寄　想

拼音: zao.nen.yi.so.po.ler.bei.lo.bu.qi.liao.go.hei.yo

谐音: 曹嫩 以 搜剖了 呗喽 不器聊够 嗨哟

02 这样包装不行。

포장을 이렇게 하시면 안됩니다.

语序: 包装　这样　做的话　不可以

拼音: po.zang.er.yi.lao.kei.ha.xi.miaon.an.duim.ni.da

谐音: 剖赃尔 以唠开 哈系苗恩 安对木尼达

03 您发航空件还是海运件？

항공편으로 보내실 겁니까? 선편으로 보내실 겁니까?

语序: 用航空件　发送　用船件　发送

拼音: hang.gong.piao.ne.lo.bo.nei.xir.gaom.ni.ga saon.piao.ne.lo.bo.nei.xir. gaom.ni.ga

谐音: 航公票呢喽 波乃系儿 高木尼嘎？扫恩票呢喽 波乃系儿 高木尼嘎？

Chapter 6 应急韩语

04 发航空件大约50元，发海运件大约20元。

항공편으로 보내는 게 50원정도 들고, 선편으로 보내는 게 20원정도 듭니다.

语序：用航空件　发　50元左右　花费　用海运件　发　20元左右　花费

拼音：hang.gong.piao.ne.lo.bo.nei.nen.gei.o.xi.bon.zeng.do.der.go, saon.piao.ne.lo.bo.nei.nen.gei.yi.xi.bon.zeng.do.dem.ni.da

谐音：航公票呢喽 波乃嫩 该 哦系普过恩增都 得儿够，扫恩票呢喽 波乃嫩 给 以系波恩增都 得木尼哒

05 那边有包装的地方。

저쪽에 가면 포장해 주는 데 있습니다.

语序：那边　去的话　给包装的地方　有

拼音：zao.zo.gei.ga.miaon.po.zang.hei.zu.nen.dei.yit.sim.ni.da

谐音：曹奏给 卡苗恩 剖赃嗨 组嫩 带 一斯木尼达

06 发海运件的话大概要几天能到?

선편으로 보내면 며칠 걸립니까?

语序：用海运件　寄送的话　几天　花费

拼音：saon.piao.ne.lo.bo.nei.miaon.miao.qir.gaor.lim.ni.ga

谐音：扫恩票呢喽 波乃苗恩 秒器儿 高儿哩木尼达

❷ 在邮局

07 里面装了什么?

안에 뭐가 들었어요?

语序: 里面 | 什么 | 装了
拼音: a.nei.muo.ga.de.lao.sao.yo
谐音: 啊乃 某嘎 得唠扫哟

08 从哪个地方取包裹?

소포 어디서 받아야 해요?

语序: 包裹 | 哪里 | 领取呢
拼音: so.po.ao.di.sao.ba.da.ya.hei.yo
谐音: 搜剖 袄滴扫 吧哒呀 嗨哟

09 哪种方式邮寄包裹最快? 哪种方式花费最少?

소포는 어느편이 더 빠릅니까? 요금은 어느편이

语序: 包裹 | 哪种方式 | 更 | 快 | 费用 | 哪种

더 쌉니까?

更 低

拼音: so.po.nen.ao.ne.piao.ni.dao.ba.lem.ni.ga?yo.ge.men.ao.ne.piao.ni.dao.sam.ni.ga
谐音: 搜剖嫩 袄呢票尼 淘 吧了木尼达? 哟格闷 袄呢票尼 淘 萨木尼达

10 这封信几天能寄到韩国?

며칠이면 편지가 한국에 도착합니까?

语序: 几天的话 | 信件 | 韩国 | 能到呢
拼音: miao.qi.li.miaon.piaon.ji.ga.han.gu.gei.do.ca.kam.ni.ga
谐音: 秒器哩苗恩 票恩基嘎 憨谷该 都擦哈木尼嘎

Chapter 6 应急韩语

3 在医院

 症状描述

韩语	拼音	汉语	谐音
병원	bing.won	医院	病沃恩
환자	huan.za	患者	换咋
간호사	ga.no.sa	护士	卡褥萨
의사	ei.sa	医生	诶萨
설사	saor.sa	腹泻	扫儿萨
기침	gi.qim	咳嗽	给器木
감기	gam.gi	感冒	卡木给
구역질	gu.yaok.jir	恶心	谷要克基儿
증상	zeng.sang	症状	增桑
치료	qi.lio	治疗	器聊
진찰하다	jin.ca.la.da	诊查	紧擦拉哒
검사하다	gaom.sa.ha.da	检查	考木萨哈哒
체온	cei.on	体温	才哦恩
시력	xi.liaok	视力	系聊克
편찮다	piaon.can.ta	不舒服	票恩餐塔
아프다	a.pu da	疼	啊普哒

❸ 在医院

01 感冒了。

감기 걸렸어요.

语序 感冒 得了
拼音 gam.gi.gaor.liao.sao.yo
谐音 卡木给 高聊扫哟

02 鼻涕一直流个不停。

콧물이 계속 나와요.

语序 鼻涕 不停地 出来
拼音 kon.mu.li.gei.sok.na.wa.yo
谐音 扣木哩 该搜克 那哇哟

03 发高烧了。

열이 많이 났어요.

语序 发烧 很多 出来
拼音 yao.li.ma.ni.na.sao.yo
谐音 要哩 吗尼 那扫哟

04 肚子痛,还拉肚子。

배가 아프고 설사도 합니다.

语序 肚子 疼 腹泻 做
拼音 bei.ga.a.pu.go.saor.sa.do.ham.ni.da
谐音 派嘎 啊普够 扫儿萨都 哈木尼达

Chapter 6 应急韩语

05 眼睛很痛，看不清楚。

눈이 아프고 잘 안 보여요.

- 语序：眼睛痛　好　看不见
- 拼音：nu.ni.a.pu.go.zar.an.bo.yao.yo.
- 谐音：怒尼 啊普够 嚓儿 安 波要哟

06 嗓子疼得吃不下饭。

목이 아파서 식사 못해요.

- 语序：嗓子　痛　吃饭　不能做
- 拼音：mo.gi.a.pa.sao.xik.sa.mo.tei.yo
- 谐音：某给 啊帕扫 系克萨 某太哟

07 牙疼得晚上睡不着。

이가 아파서 온밤 자지 못했어요.

- 语序：牙齿　疼　整晚　睡觉　不能
- 拼音：yi.ga.a.pa.sao.on.bam.za.ji.mo.tei.sao.yo
- 谐音：以嘎 啊帕扫 哦恩帕姆 咋基 某太扫哟

08 大牙疼得嘴都张不开了。

어금니가 아파서 입을 벌리기 힘들어요.

- 语序：臼齿　疼　嘴　张开　费力
- 拼音：ao.gem.ni.ga.a.pa.sao.yi.bur.baor.li.gi.him.de.lao.yo
- 谐音：袄格木尼嘎 啊帕扫 以不儿 包儿哩给 嘿姆得唠哟

❸ 在医院

09 牙对热的东西过敏。

이가 뜨거운 것에 민감해요.

语序: 牙齿　对热的东西　敏感
拼音: yi.ga.de.gao.wun.gao.sei.min.gam.hei.yo
谐音: 以嘎 得告问 高塞 民嘎买哟

10 视力急剧下降。

시력이 많이 떨어졌어요.

语序: 视力　很多　下降了
拼音: xi.liao.gi.ma.ni.dao.lao.jiao.sao.yo
谐音: 系聊给 吗尼 到唠交扫哟

11 喝了很多酒，失去了意识。

술을 많이 마셔서 의식을 잃어버렸어요.

语序: 酒　很多　喝了　意识　失去了
拼音: sur.ler.ma.ni.ma.xiao.sao.ei.xi.ger.yi.lao.bao.liao.sao.yo
谐音: 苏了 吗尼 吗肖扫 诶系格儿 以唠包聊扫哟

12 恶心。

구역질이 나요.

语序: 恶心　出来
拼音: gu.yaok.ji.li.na.yo
谐音: 谷要克基哩 那哟

Chapter 6 应急韩语

 ## 买药吃药

韩语	拼音	汉语	谐音
약	yak	药	呀克
한약	han.yak	中药	憨呀克
처방	cao.bang	处方	曹帮
알레르기	ar.lei.le.gi	过敏	啊来了给
감기약	gam.gi.yak	感冒药	卡木给呀克
해열제	hei.yaor.zei	退烧药	嗨要儿在
내복약	nei.bong.niak	内服药	乃崩呀克
외용약	wai.yong.yak	外用药	外用呀克
약국	yak.guk	药店	呀谷克
병원	bing.won	医院	冰沃恩
응급실	eng.gep.xir	急救室	恩格普系儿
치료	qi.lio	治疗	器聊
진통제	jin.tong.zei	止痛药	紧通在
수면제	su.miaon.zei	安眠药	苏苗恩在
설사약	saor.sa.yak	腹泻药	扫儿萨呀克
안약	an.yak	眼药	安呀克

❸ 在医院

01 药店在哪里？

약국이 어디 있습니까?

语序　药店　哪里　在
拼音　yak.gu.gi.ao.di.yit.sim.ni.ga
谐音　呀谷给 袄滴 一斯木尼嘎

02 这是处方。

처방 여기 있습니다.

语序　处方　这里　有
拼音　cao.bang.yao.gi.yit.sim.ni.da
谐音　曹帮 要给 一斯木尼达

03 请给我些感冒药。

감기약을 좀 주세요.

语序　感冒药　请　给我
拼音　gam.gi.ya.ger.zom.zu.sei.yo
谐音　卡木给呀格儿 奏木 组塞哟

04 这药怎么吃？

이 약은 어떻게 먹어요?

语序　这药　　怎么　　吃
拼音　yi.ya.gen.ao.daot.kei.mao.gao.yo
谐音　以 呀跟 袄到开 卯高哟

Chapter 6　应急韩语

05 您要买什么药？

무슨 약을 사시겠어요 ?

语序　什么　药　要买呢

拼音　mu.sen.ya.ger.sa.xi.gei.sao.yo

谐音　木森 呀格儿 萨系该扫哟

06 这药一天服用三次。

이 약을 하루에 세 번씩 드세요.

语序　这药　一天三次　服用

拼音　yi.ya.ger.ha.lu.ei.sei.baon.xik.de.sei.yo

谐音　以 呀格儿 哈路艾 塞 报恩系克 得塞哟

07 请给我开处方吧。

처방해 주세요.

语序　开处方　请给我

拼音　cao.bang.hei.zu.sei.yo

谐音　曹帮嗨 组塞哟

08 请按照说明书服用。

설명서대로 드세요.

语序　按照说明书　请吃

拼音　saor.ming.sao.dei.lo.de.sei.yo

谐音　扫儿名扫带喽 得塞哟

❸ 在医院

09 这药不能给孕妇和孩子吃。

이 약은 임신부하고 아이한테는 안돼요.

语序 这药　　对于孕妇和孩子　　不可以
拼音 yi.ya.gen.yim.xin.bu.ha.go.a.yi.han.tei.nen.an.dui.yo
谐音 以 呀跟 一木新不哈够 啊以憨太嫩 安对哟

10 请用温水服药。

이 약은 따뜻한 물로 드십시오.

语序 这药　　用温水　　请服用
拼音 yi.ya.gen.da.de.tan.mur.lo.de.xip.xi.o
谐音 以 呀跟 大得叹 木儿喽 得系普系哦

11 要好好吃药，好好调理身体。

약을 잘 챙기고 몸조리를 잘 해야 돼요.

语序 药　　好好吃　　调理身体　　好好地　　应该做
拼音 ya.ger.zar.ceing.gi.go.mom.zo.li.ler.ca.lei.ya.dui.yo
谐音 呀格儿 咋儿 餐给够 某木奏哩了 咋儿嗨呀 对哟

12 没有什么需要的吗？

뭐 필요한 거 없어요?

语序 什么　　需要的东西　　没有吗
拼音 muo.pi.lio.han.gao.aop.sao.yo
谐音 某 皮聊憨 高 袄普扫哟

Chapter 6 应急韩语

 住院出院

韩语	拼音	汉语	谐音
입원하다	yi.bon.ha.da	住院	以波那哒
퇴원하다	tui.wo.na.da	出院	推沃那哒
내과	nei.gua	内科	乃瓜
외과	wai.gua	外科	外瓜
수술	su.sur	手术	苏苏儿
식중독	xik.zung.dok	食物中毒	系克宗都克
중독되다	zong.duk.dui.da	中毒	宗都克对哒
우울증	wu.wur.zeng	忧郁症	屋屋儿增
응급센터	eng.gep.sen.tao	急救中心	恩格普森淘
응급진료	eng.gep.jir.lio	急诊	恩格普及儿聊
부인과	bu.yin.gua	妇科	不因瓜
소아과	so.a.gua	儿科	搜啊瓜
엑스선검사	eik.si.saon.gaom.sa	X光	艾克斯扫恩考木萨
성형	seng.hing	整形	僧喝英
주사	zu.sa	注射	组萨
점적주사	zaom.zaok.zu.sa	点滴	曹木曹克组萨

❸ 在医院

语序法学口语

01 诊断结果出来了吗?

진단이 나왔어요?

- 语序: 诊断 / 出来了吗
- 拼音: jin.da.ni.na.wa.sao.yo
- 谐音: 进哒尼 那哇扫哟

02 需要做手术吗?

수술을 받을 필요가 있어요?

- 语序: 手术 / 做的必要 / 有吗
- 拼音: su.su.ler.ba.der.pi.lio.ga.yi.sao.yo
- 谐音: 苏苏了 吧得儿 皮聊嘎 以扫哟

03 拍一下 X 光片吧。

엑스선 검사를 해보세요.

- 语序: X光检查 / 请做吧
- 拼音: eik.si.saon.gaom.sa.ler.hei.bo.sei.yo
- 谐音: 艾克斯扫恩 考木萨了 嗨波塞哟

04 应该拔掉这颗蛀牙。

이 충치를 뽑아야 합니다.

- 语序: 这 / 蛀牙 / 拔掉 / 应该
- 拼音: yi.cong.qi.ler.bo.ba.ya.ham.ni.da
- 谐音: 以 从器了 波拔呀 哈木尼达

Chapter 6　应急韩语

05　注射青霉素才能消炎。

페니실린 주사를 맞아야 염증을 없앨 수 있어요.

语序　青霉素注射　　注射　　炎症　　可以消除
拼音　pei.ni.xir.lin.zu.sa.ler.ma.za.ya.yaom.zeng.er.aop.seir.su.yi.sao.yo
谐音　派尼系儿林 组萨了 吗咋呀 要木增尔 袄普塞儿 苏 以扫哟

06　你整过形吗？

성형수술을 받은 적이 있어요?

语序　整形手术　　接受过　　有吗
拼音　seng.hing.su.su.ler.ba.den.zao.gi.yi.sao.yo
谐音　僧喝英苏苏了 吧托 遭给 以扫哟

07　需要尽快住院。

빨리 입원해야 합니다.

语序　快　住院　需要
拼音　bar.li.yi.bon.hei.ya.ham.ni.da
谐音　吧儿哩 以波乃呀 哈木尼达

08　做下内视镜检查比较好。

내시경 검사를 하면 좋겠어요.

语序　内视镜检查　　做的话　　好
拼音　nei.xi.ging.gaom.sa.ler.ha.miaon.zo.kei.sao.yo
谐音　乃系哥英 卡木萨了 哈苗恩 奏开扫哟

❸ 在医院

09 注射麻醉药。

마취약 주사를 놓을 거예요.

- 语序: 麻醉药注射　　要做
- 拼音: ma.qu.yak.zu.sa.ler.no.er.gao.ye.yo
- 谐音: 吗去呀克 组萨了 耨尔 高耶哟

10 祝贺你出院。

퇴원을 축하드립니다.

- 语序: 出院　　祝贺
- 拼音: tui.wo.ner.cu.ka.de.lim.ni.da
- 谐音: 推沃呢 粗卡得哩木尼达

11 身体好了吗?

몸이 다 나아졌어요?

- 语序: 身体　都　好了吗
- 拼音: mo.mi.da.na.a.jiao.sao.yo
- 谐音: 某米 塔 那啊交扫哟

12 希望你尽快恢复。

빨리 회복하시기 바랍니다.

- 语序: 尽快　恢复　希望
- 拼音: bar.li.hui.bo.ka.xi.gir.ba.lam.ni.da
- 谐音: 吧儿哩 淮波卡系给 帕拉木尼达

Chapter 6 应急韩语

4 在警局

财物丢失

韩语	拼音	汉语	谐音
유실물	yu.xir.mur	失物	优系儿木儿
보관소	bo.guan.so	保管处	波关搜
카메라	ka.mei.la	相机	卡没拉
잃어버리다	yi.lao.bao.li.da	丢失	以唠包哩哒
찾다	cat.da	寻找	擦哒
여권	yao.guon	护照	要过恩
신용카드	xin.yong.ka.de	信用卡	新用卡的
지갑	ji.gap	钱包	基嘎普
식당	xik.dang	饭店	系克当
생각	seing.gak	想法	森嘎克
도둑	do.duk	小偷	都赌克
큰일나다	ken.nir.la.da	出事	克尼儿啦哒
도둑을 맞다	do.du.ger.mat.da	被偷	都赌格儿 吗哒
아무리	a.mu.li	无论如何	啊木哩
어떡하다	ao.dao.ka.da	怎么办	袄到卡哒
없어지다	aop.sao.ji.da	消失不见	袄普扫基哒

❹ 在警局

01 失物招领处在哪里?

<u>유실물 보관소가</u> <u>어디예요</u>?

语序　　失物招领处　　　哪里
拼音　yu.xir.mur.bo.guan.so.ga.ao.di.ye.yo
谐音　优系儿木儿 波关搜嘎 袄滴耶哟

02 我的相机好像丢了。怎么找都找不到……

<u>카메라</u> <u>잃어버린 것 같아요</u>. <u>아무리</u> <u>찾아도 없는데</u>…

语序　　相机　　　　好像丢了　　　不管怎样　　找都找不到
拼音　ka.mei.la.yi.lao.bao.lin.gaot.ga.ta.yo. a.mu.li.ca.za.do.aom.nen.dei
谐音　卡没啦 以唠包林 高 嘎塔哟。啊木哩 擦咋都 奥姆嫩带

03 护照丢了。

<u>여권</u> <u>잃어버렸어요</u>.

语序　　护照　　　丢失
拼音　yao.guon.yi.lao.bao.liao.sao.yo
谐音　要过恩 以唠包聊扫哟

04 我找不到信用卡了。

<u>신용카드를</u> <u>찾을 수가 없네요</u>.

语序　　信用卡　　　　找不到
拼音　xin.yong.ka.de.ler.ca.zir.su.ga.aom.nei.yo
谐音　新用卡得了 擦滋儿 苏嘎 袄姆乃哟

Chapter 6　应急韩语

05 我的钱包丢了怎么办呢?

지갑 잃어버렸는데 어떡하죠 ?

语序　钱包　　丢失　　怎么办

拼音　ji.gap.yi.lao.bao.liaon.nen.dei.ao.dao.ka.jio

谐音　基嘎普 以唠包聊嫩带 袄到卡就

06 你知道我的钱包在哪儿吗?

내 지갑은 어디에 있는지 봤어요 ?

语序　我的钱包　　在哪里　　看见

拼音　nei.ji.ga.ben.ao.di.ei.yin.nen.ji.bua.sao.yo

谐音　乃 基嘎本 袄滴艾 因嫩基 吧扫哟

07 没落在饭店里吗?

식당에서 둔 거 아니에요 ?

语序　饭店　　落下　　不是

拼音　xik.dang.ei.sao.dun.gao.a.ni.ei.yo

谐音　系克当矮扫 蹲 高 啊尼矮哟

08 我觉得应该是被偷了。

내 생각에는 도둑 맞은 것 같아요 .

语序　我认为　　应该是被偷了

拼音　nei.seing.ga.gei.nen.do.duk.ma.zen.gaot.ga.ta.yo

谐音　乃 森嘎给嫩 都东 吗怎 高 嘎塔哟

❹ 在警局

09 出大事了！钱包不见了！

큰일났다! 지갑 없어졌어요!

语序: 出大事了　钱包　不见了

拼音: ken.nir.la.da!ji.gap.aop.sao.jiao.sao.yo

谐音: 肯尼拉哒！基嘎普 袄普扫交扫哟

Chapter 6 应急韩语

 被偷被抢

韩语	拼音	汉语	谐音
가방	ga.bang	包	卡帮
빨리	bar.li	快	吧儿哩
경찰	ging.car	警察	哥英擦儿
신고	xin.go	申告	新够
안	an	里面	安
돈	don	钱	都恩
지갑	ji.gap	钱包	基嘎普
기억하다	gi.ao.ka.da	记得	给袄卡哒
연락	yaor.lak	联系	要儿拉克
마지막	ma.ji.mak	最后	吗基吗克
대사관	dei.sa.guan	大使馆	带萨关
도둑 당하다	do.duk.dang.ha.da	被抢	都赌克 当哈哒
과정	gua.zeng	过程	瓜增
서류	sao.liu	文件	扫溜
작성	zak.seng	写	咋克僧
들어 있다	de.lao.yit.da	放着	得唠 以哒

④ 在警局

语序法学口语

01 我的包被抢了。

저의 가방이 도둑 맞았어요.

语序: 我的 | 包 | 被抢了
拼音: cao.ei.ga.bang.yi.do.duk.ma.za.sao.yo
谐音: 曹艾 卡帮以 都赌克 吗咋扫哟

02 快点报警。

빨리 경찰에 신고하세요.

语序: 快点 | 向警察 | 申告
拼音: bar.li.ging.ca.lei.xin.go.ha.sei.yo
谐音: 吧儿哩 哥英擦嘞 新够哈塞哟

03 包里有多少钱？

가방 안에 돈은 얼마나 있어요?

语序: 包里面 | 钱 | 有多少
拼音: ga.bang.a.nei.do.nen.aor.ma.na.yi.sao.yo
谐音: 卡帮 啊乃 都呢 袄儿吗那 以扫哟

04 你记得钱包里装有哪些物品吗？

지갑 안에 어떤 것이 들어 있었는지 기억하나요?

语序: 钱包里 | 什么 | 东西 | 装着 | 记得
拼音: ji.gap.a.nei.ao.daon.gao.xi.de.lao.yi.saon.nen.ji.gi.ao.ka.na.yo
谐音: 基嘎普 啊乃 袄道恩 高系 得唠 以扫嫩基 给袄卡那哟

Chapter 6 应急韩语

05 找到后会跟您联系的。

찾았으면 연락 드릴게요.

- 语序: 如果找到　　联系
- 拼音: ca.za.si.miaon.yaor.lak.de.lir.gei.yo
- 谐音: 擦扎丝妙恩 要儿拉 的利儿 给哟

06 最后放在哪里了?

마지막으로 어디에 놓았어요?

- 语序: 最后　哪里　放
- 拼音: ma.ji.ma.ge.lo.ao.di.ei.no.a.sao.yo
- 谐音: 吗基吗格喽 袄滴艾 耨啊扫哟

07 是什么样的钱包?

어떤 지갑이에요?

- 语序: 怎样的　钱包
- 拼音: ao.daon.ji.ga.bi.ei.yo
- 谐音: 袄道恩 基嘎比艾哟

08 你应该向大使馆申告。

대사관에 신고하셔야 합니다.

- 语序: 向大使馆　应该申告
- 拼音: dei.sa.gua.nei.xin.go.ha.xiao.ya.ham.ni da
- 谐音: 带萨瓜乃 新够哈肖呀 哈木尼达

❹ 在警局

09 请写一下被抢的经过。

도둑 당한 과정 좀 써 주세요.

语序: 被抢 / 经过 / 请写

拼音: do.duk.dang.han.gua.zeng.zom.ssao.zu.sei.yo

谐音: 都赌克 当憨 瓜增 奏木 扫 组塞哟

10 请填写以下材料。

이 서류를 작성해 주세요.

语序: 这材料 / 填写

拼音: yi.sao.liu.ler.zak.seng.hei.zu.sei.yo

谐音: 以 扫溜了 咋克僧嗨 组塞哟

Chapter 6 应急韩语

 交通事故

韩语	拼音	汉语	谐音
괜찮다	guan.can.ta	没关系	关餐塔
다치다	da.qi.da	受伤	哒器哒
병원	bing.won	医院	病沃恩
모시다	mo.xi.da	陪	某系哒
구급차	gu.gep.ca	急救车	谷格普擦
필요하다	pi.lio.ha.da	需要	皮聊哈哒
차 넘버	ca.naom.bao	车牌号	擦 闹木包
보험회사	bo.haom.hui.sa	保险公司	波好木淮萨
연락하다	yaor.la.ka.da	联络	要儿拉卡哒
트레일러	te.lei.yir.lao	拖车	特来以儿唠
가족	ga.zok	家人	卡奏克
전화	zao.nua	电话	曹怒啊
발생하다	bar.seing.ha.da	发生	吧儿森哈哒
알려주다	ar.laor.zu.da	告诉	啊聊组哒
응급센터	eng.gep.sen.tao	急诊室	恩格普森淘

❹ 在警局

01 您没事吗?

괜찮으세요?

语序　您没事吗
拼音　guan.ca.ne.sei.yo
谐音　款擦呢赛哟

02 您受伤了吗?

다치셨어요?

语序　受伤了吗
拼音　da.qi.xiao.sao.yo
谐音　哒器肖扫哟

03 没有受伤的地方吗?

다친 데 없어요?

语序　受伤的地方　没有
拼音　da.qin.dei.aop.sao.yo
谐音　哒亲 带 袄普扫哟

04 要送您去医院吗?

병원으로 모셔다 드릴까요?

语序　医院　　　　送您
拼音　bing.wo.ne.lo.mo.xiao.da.de.lir.ga.yo
谐音　病沃呢喽 某肖搭 得哩儿嘎哟

Chapter 6　应急韩语

05 需要救护车吗？

구급차가 필요하세요 ?

语序　救护车　需要

拼音　gu.gep.ca.ga.pi.lio.ha.sei.yo

谐音　谷格普擦嘎 皮聊哈塞哟

06 您记得车牌号吗？

차 넘버를 기억하세요 ?

语序　车牌号　记得

拼音　ca.naom.bao.ler.gi.ao.ka.sei.yo

谐音　擦 闹木包了 给袄卡塞哟

07 与保险公司取得联系了吗？

보험회사한테 연락하셨어요 ?

语序　保险公司　联系

拼音　bo.haom.hui.sa.han.tei.yaor.la.ka.xiao.sao.yo

谐音　波好木淮萨憨太 要啦卡肖扫哟

08 需要拖车吗？

트레일러 필요하나요 ?

语序　拖车　需要

拼音　te.lei.yir.lao.pi.lio.ha.na.yo

谐音　特来以儿唠 皮聊哈那哟

❹ 在警局

09 需要给家人打电话吗？

가족한테 전화 드릴까요？

语序　向家人　　打电话
拼音　ga.zok.han.tei.zao.nua.de.lir.ga.yo
谐音　卡奏克憨太 曹怒啊 得哩儿嘎哟

10 能不能告诉我发生了什么事？

무슨 일이 발생했는지 알려 주시겠어요？

语序　什么 事情　　发生　　　告诉
拼音　mu.sen.yi.li.bar.seing.hei.nen.ji.ar.liaor.zu.xi.gei.sao.yo
谐音　木森 以哩 吧儿森嗨嫩基 啊儿聊 组系该扫哟